U0128105

新型作文

陳智弘・范曉雯
黃金玉・郭美美 ◎合著

目錄

INDEX

總序

近三四年來，教育當局在高中國文教材上作了最大改變的，算是廢除國立編譯館的唯一標準本，而開放為各具特色的「一綱多本」。為了適應這種巨大改變，做人老師的，不僅要調整教法，也要改進評量，尤其是面對學生的升學，更需要兼顧各本教材，取長補短，作一番統整的工夫，以免顧此失彼。

要統整「一綱多本」的教材，靠的不是課文的多寡，而是「能力」。這個「能力」，就其主要者而言，除關涉文章之義旨（主旨的顯隱、安置與材料的使用）外，還涵蓋了語法之剖析（文法）、字句之鍛鍊（修辭）、篇章之修飾（章法）、文章之體性（風格）及作文（傳統式作文與限制性寫作）、課外閱讀等。而其中的任何一種「能力」，都可以用不同的教材予以培養；換句話說，這種「能力」，是能夠拿任何一篇、一段、一節（句羣）的課外文章來進行評量的。這樣，教師就可以將任何一課「課文」當作「手段」來看待，所謂「得魚而忘筌」（《莊子．外物》），而「課文」就是這個「筌」、「能力」就是那個「魚」了。

有鑑於此，早在去（八十九）年暑假，便想為高中「一綱多本」國文教材編一套以「能力」為本位的書，提供高中教師作教學之參考。於是邀集了一組專家學者、高中教師共同來參與這個工作，並且商定這套書的總名爲「高中一綱多本國文教材點線面系列」，而內含八本，由不同的人來撰寫，依序是：

一、《散文・新詩義旨古今談》：由蒲基維（博士生、高中教師）、涂玉萍（碩士、高中教師）、林聆慈（教學碩士班、高中教師）三人負責。

二、《詩詞義旨透視鏡》：由江錦珏（碩士、高中教師）負責。

三、《文法必勝課》：由楊如雪（台灣師大副教授）、王錦慧（新竹師院助理教授）二人負責。

四、《修辭新思維》：由張春榮（國立台北師院教授）負責。

五、《章法新視野》：由仇小屏（花蓮師院助理教授）負責。

六、《風格縱橫談》：由顏瑞芳（台灣師大教授）、溫光華（博士生、講師），黃肇基（高中教師）三人負責。

七、《新型作文瞭望台》：由陳智弘（高中教師）、范曉雯（高中教師）、黃金玉（高中教師）、郭美美（碩士、高中教師）四人負責。

八、《閱讀檢測站》：由李清筠（台灣師大副教授）負責。

這八本書，都兼顧理論與實際，除了安排「總論」加以介紹外，均分別舉一些「一綱多本」重要課文的實例作充分說明，務求凸顯各種「能力」，使讀者一目了然。如此以「能力」爲本位，從各角度來統整各本教材，相信對高中的國文教師的教學與學生的學習而言，是會有極大助益的。

看到在大家的努力下，這八本書終於將陸續出版，和讀者見面，感激之餘，特地將本套書撰寫的用意與過程，作一概述，聊以表達慶賀的意思。

民國九十年八月　陳滿銘序於台灣師大國文系

序

——瞭望語文新天地

多少年來，一屆又一屆的高中生為了它腸枯思竭、絞盡腦汁；多少年來，國文老師苦思指導方法、努力批改習作；多少年來，每一年的題目公佈後總是廣被討論，而當年的命題題型與趨勢則成為來年各校與補習班不斷模擬的指標；多少年來，閱卷老師在闈場內苦心斟酌推敲，希望給予每一份卷子客觀合理的評分；多少年來，它成為影響聯考成績的關鍵，以致要求閱卷老師公佈評閱標準的聲浪不斷……

它，是聯考作文。如今，大學聯考已成為教育體制中的過去式，不管是否有人曾因拿下高分提升志願而意氣風發，或百思不解為何平素作文能力頗佳卻鎩羽而歸，聯考作文終在莘莘學子的升學樂章中譜下了休止符。

立足於西元二〇〇一年，揭示歷年作文題目，我們會發現，時代發展與教育思潮往往牽動作文命題的內涵及方向，而自八十三年開始，推甄試題的作文題目漸對大學聯招的作文題目產生深切的影響。現在，且讓我們回顧近三十年來大學聯考的作文題目：

六十　年——自立自強說

六十一年——論現代知識青年應如何培養義務感與責任心

六十二年——曾文正公云：「風俗之厚薄，繫乎一二人心之所嚮」試申其義

六十三年——「吾嘗終日而思矣，不如須臾之所學也」試申其義

六十四年——言必先信，行必中正說

六十五年——仁與恕相互爲用說

六十六年——一本書的啓示

六十七年——人性的光輝

六十八年——憂勞所以興國，逸豫適足亡身

六十九年——燈塔與燭火

七十　年——生活中的苦澀與甜美

七十一年——從挫折中培養勇氣

七十二年——看重自己，關心別人

七十三年——海不辭細水，故能成其大；山不辭土石，故能成其高

七十四年——接受與回饋
七十五年——安和樂利社會的省思
七十六年——論同情
七十七年——豐收之前
七十八年——論虛心
七十九年——愛國愛鄉愛人愛己
八十 年——根
八十一年——變
八十二年——橋
八十三年——論污染
八十四年——榮與辱
八十五年——自由與自律
八十六年——一、街景
二、你對「家庭教育」的看法
八十七年——一、等待
二、慚愧

八十八年——一、聯想寫作：「車站」、「夏天的驟雨」、「深夜的犬吠」

二、面對人生種種事物，有人採取冷靜旁觀的態度，有人採取冷靜旁觀的態度，有人採取熱烈參與的態度。請寫一篇文章闡述自己的態度。

八十九年——一、短文寫作：如果讓你在「時間」與「金錢」間選擇其一，你會選擇什麼？

二、請以「義工」爲主題，自擬題目寫出你的看法。

九十年——一個關於□□的記憶

凡經歷過聯考之役的人，過了幾年，多半會忘了考過哪些題目，但對於作文題目應該記憶猶新，所以當年的作文題目就能形成一種「識別符碼」，標誌年代屬性，讓寫過同樣作文題目的人共同回味，這倒是很有趣的事。

前瞻未來

單一命題的傳統聯考作文落幕之後，靈活多變的「語文表達能力測驗」堂堂登場。根據大考中心研究員鄺采芸於〈八十九年「語文表達能力測驗」試題淺析〉文中表示：「語文表達能力測驗原本是針對跨學系的語文表達能力需求所設計，期望能從一般考生日常接近、可以感受的經驗及素材出發，進而達到提高學生重視語文表達能力的目的。」相信任何一位國文老師都會肯定這個新的發展方向。

這幾年間，各種作文新題型不斷被研究開發，檢視最近這幾年推甄題目、大考中心推出的「語文表達能力測驗預試」試題與各校模擬考題，除了傳統的「命題作文」之外，已然發展出「縮寫」、「擴寫」、「評論」、「仿寫」、「論辯」、「改寫」、「問答」、「文章潤飾」、「聯想作文」、「情境作文」、「閱讀寫作」、「引導寫作」、「文章賞析」、「詩文續寫」、「看圖寫作」、「應用寫作」、「新聞寫作」、「資料解讀」、「綜合寫作」等各種題型，這些嶄新的題型全面拓展了寫作的領域，不但改善傳統命題作文長久以來教條式、僵硬化的弊端，對學生而言，更有延伸觸角、提升閱讀、觀照生命與實際應用等多方面功能。

前瞻未來，「語文表達能力測驗」既然取代傳統的單一命題作文，國文老師的作文教學勢必要隨之調整。上述諸多新題型，多半是學生從未涉足停駐的語文空間，必須加以模擬、訓練、指導，學生方能應對題目的要求，確實表情達意。然而若一一讓學生習作每一種題型，又恐流於瑣碎重複，且耗費過多時間心力。因此，選取幾個足具代表性的題型，有計畫的讓學生習作，由淺而深，以培養多元的表達方式與寫作技巧，應該是每一位國文老師所會採取的教學策略吧！

關於本書

《新型作文瞭望台》就在這樣的理念下誕生，希冀藉由靈活彈性的作文命題與指導過程，刺激學生的創意思維，讓語文表達登入藝術殿堂，也能兼具生活化與實用性。經過作者羣多方蒐集參考資料、充分思辨與討論，將題型鎖定在「縮寫」、「擴寫」、「仿寫」、「補寫」、「改寫」、「文章賞析」、「論辨」、「引導寫作」、「寓言寫作」、「情境作文」、「閱讀寫作」與「應用寫作」等十二類。寫作時，前六類以提供的材料爲依歸，寫作者的原創性較低；後六類變化多，須激發較高的原創性，才會有出色的作品。如此由簡而繁，由單一而綜合，由準確表達到增益華采，培養學生模仿、分析、歸納、想像、應用、閱讀、創作、鑑賞等能力，相信符合語文表達能力訓練與進階的歷程。

關於體例方面，本書十二篇的共同架構是：

一、**說明**　對於該類題型加以定義，或特色介紹，同時也呈現具有代表性的歷屆大考考題。

二、**教學指南**　是教師作文教學或自行研發命題的最佳參考，也綜述學生自學習作時的各項要點，預期發揮的教學（自學）功能是有層次地培養並提升語文表達能力。

三、**分類**　將題型的內涵加以區隔，並附有若干作文題目，這些題目有的出於作者自行設計，有的來自蒐集，方便讀者直接運用。每一個題目下都有「習作指引」，可供教師在學生習作前作爲教學叮嚀、引起動機或啓迪學生思緒之用，部分經過作者實驗過的題目還附有學生的「例文」與作者撰寫的「簡析」。「例文」儘管未臻完美，但配合「簡析」探討文章的優缺點，應能强化觀摩與觸發的效果。

四、結語 探述這一類題型的局限與可能、前瞻與發展，以及題目設計或習作時宜避免的缺失等。

大家都知道，文學才華固然難以訓練培養，語文表達能力卻是可以經由引導練習而提升。站在巨人的肩膀上看出去，期望我們的眼界更遠、胸襟更寬，透過《新型作文瞭望台》，您所看到的語文新天地，也將是前所未有的豐美與廣袤！

萃取菁華・變繁冗為簡要

——談「縮寫」

一、說明

縮寫是根據提供的材料，在不改變基本內容和中心思想的條件下，按照一定要求，將文章縮短的一種寫作方式，與「擴寫」正好相反。擴寫添枝加葉，縮寫突顯主幹；擴寫鋪陳情節，縮寫摘出要點；擴寫刻畫細部，縮寫著眼大處，就像把果汁中的一部分水蒸餾掉，使其成分不變，體積變小，濃度自然就增加了。必需把握的要點有三：

㈠在內容上保留原文的中心思想與主要材料，不能抽掉果汁原料而徒留水分，若濃縮變稀釋就淡而無味了。

㈡在形式上盡量維持原文結構和語言風格，若是橘子汁濃縮之後變蘋果口味，那就不只蒸餾掉水分，而是添料改造了。

㈢在字數上應符合題目要求，按指定比例濃縮，不濃不淡，長短恰當。

二、教學指南

縮寫要鍛鍊的是學生分辨主要材料和次要材料的能力。在閱讀和聽講時，如有這樣的能力，就可以精確快速地掌握要點，作出摘要，在腦中形成清晰概念，這是非常實用的語文能力。

縮寫的具體做法有很多，例如：把具體敍述改成概括敍述；把細微的描摹改成簡單的勾勒；把論說文的論證改成扼要說明；把例子改成一言帶過。把握關鍵，去掉沒必要的形容和鋪陳，濃縮出來的文字要自然流暢，盡量去除拼貼的痕跡，可酌量使用原句，也可另造新語，但以不偏離原文風格文意為原則。

命題時應選擇帶有枝葉的文字，或是有明確要點的篇章，才能有濃縮的餘地。透過這類寫作練習，讓原本不知摘要爲何物的學生逐漸了解文字材料中也有主要次要之分，能正確掌握主要材料的人就是閱讀效率較佳者。

三、分類

(一)句子的縮寫

【題目二】

請將下列長句縮短爲十五字（不含標點）以內的句子。注意縮短之後不能改變原句主要意涵。

1. 就空間而言，宇宙的確是廣闊無邊到不論如何都無法明確知曉何處才是它真正的盡頭。
2. 對某些人來說，伸手可及的近在咫尺，在另一些人眼中看來卻是無邊無際的千里迢迢。
3. 一座彩繪得五顏六色如彩虹般燦爛的天橋背後映照著一片湛藍深邃如大海般遼遠的天空。

4.一個卑微渺小一事無成的我在你瀰天蓋地鋪展開來的豐功偉業陰影下，只有偷偷仰望的份。

〔習作指引〕

看到這類題目時，先將主要語詞圈出來，確定主要語詞之後，再視字數要求，決定要保留多少材料，再把保留下來的材料用流暢語句寫出。各句重點參考：

1.宇宙、無邊、無法確知、盡頭。

2.某些人、近在咫尺、另一些人、千里迢迢。

3.彩色、天橋、映照、湛藍、天空。

4.渺小、我、陰影、你、仰望。

在不超過十五字的情況下，盡量涵蓋原句意思。

〔例文〕

1.宇宙廣闊到無法知曉它的盡頭。（賴余杉）

無邊宇宙無法確知其盡頭。（林晨亭）

2.你的近在咫尺，卻是他的千里迢迢。（翁茂學）

某些事，你認為很近，他人卻感覺遙遠。（涂憲章）

3.彩色天橋映照著湛藍天空。（黃以秦）

彩虹般的天橋映照著大海般的天空。（葉耿弘）

4.我只能在你豐功偉業陰影下仰望你。（陳芝琦）

渺小的我只能在你陰影下仰望你。（張僊）

〔簡析〕

句子的縮寫變動的幅度不大，一般會在求通順的情況下，將語詞次序稍作更動，如果不必調整就能通順，直接將刪去枝葉後的語詞連綴起來亦無不可。能掌握要點的作品一般均十分相似，批閱時以關鍵語詞有無掌握，及句子是否流暢爲標準。這些例文均能在十五字內完成任務，也都掌握了原句的要點。

【題目二】

將下列句子縮寫爲二十五字以內，可以加標點，縮寫之後不能改變原句重要意涵。

1.自沉痛的悲傷中復原是我們所必須面對的挑戰之一，你必須將碎成千千萬萬片的生命再度整合起來。

2.品質不良的企業不可能發展，所有員工與企業主的內在品質，比產品的品質更能左右企業發展。

3.那些了無生趣的人對於週遭的一切存在都麻木不仁，既不能覺察大自然的變化，也無法體會人性價值的可貴。

〔習作指引〕

1.第一則重點在「從悲傷中復原並整合破碎生命是必然的挑戰」。

2.第二則重點在「企業發展關鍵在員工與企業主的內在品質」。

3.第三則重點在「了無生趣的人不能領悟自然變化和人性價值」。

(二)段落的縮寫

【題目二】

請仔細閱讀下面一段文字（一三八字），將其縮寫爲五十字（含標點符號）以內的短文。

> 任何一個認為中歐某些共產黨當局是一種罪惡特產的人，都看出了一個基本事實，罪惡的當局並非由犯罪分子們組成，而是由熱情分子組成的。他們確認自己發現了通往天堂的唯一道路，如此英勇的捍衛這條通道，竟可以迫不得已的處死許多人。後來的現實清楚表明，沒有甚麼天堂，只是熱情分子成了殺人兇手。
>
> （節錄米蘭・昆德拉／《生命中不能承受之輕》／韓少功譯）

【習作指引】

這段話的重點是「由熱情分子組成的中歐共產當局，以捍衛不存在的天堂爲藉口而殺人。」掌握這個意旨，用五十個字以內表達，並不一定要用完五十字，可以簡省就不必多言。

〔例文一〕

組成中歐共黨當局的熱情分子最大罪惡是：以捍衛真理作為處死許多人的藉口。

（邱意軒）

〔例文二〕

任何人都可看出中歐共黨的罪惡是由熱情分子所為，他們為捍衛自以為是的天堂成為殺人兇手。（鍾譯如）

〔簡析〕

這段短文實際上頗需一點閱讀能力才能抓出重點，對高三學生而言，大體還能應付，對高一、高二來說，能順利完成要求的人數明顯降低。例文是高三作品中能在限定範圍內掌握重點，又不失流暢的兩則，頗能表現出縮寫的特色。

【題目二】

請閱讀底下段落（共三五二字），縮寫成一五〇字（不含標點符號）左右的短文。

非常令人遺憾的是：中國人民雖然有歷史上最悠久的航海技術，世界上最先進的造船能力和大大領先於世界的龐大船隊，但由於封建專制的中央集權政治總是跟不上人民前進的步伐，往往為了自身的利益而倒行逆施。人民需要發展科學，而封建帝王卻視科學為奇巧淫技；人民需要面向世界，而統治者卻要關閉鎖國；人民需要與全世界發展商務，而統治者卻嚴禁海運，不許人民向海外發展；人民已能建造十二桅以上的海船，而統治者卻嚴禁建造三桅以上的大船。人民需要民主，而統治者卻不願意放棄專政，人民需要自由，而統治者卻視自由為大逆不道，人民需要國家富強，而統治者卻貪污腐化，置國運於不顧……於是，一個具有一萬多年海洋文化光榮傳統的中國，由於統治者近三百年來的封閉政策，特別是近兩百年來的愚昧腐朽，海洋文化倍受摧殘，終於敗在西方列強新興的海洋文化的手中。

（節選林河／《誰是人類海洋文化的締造者》／歷史月刊一五九期）

〔習作指引〕這段文字以排比句型爲主，將排比改成概括說明即可省卻大半文字，把分屬於人民和朝廷的部分各自組合起來敍述，一大堆相同字眼可以完全去除。排比以外的文字擇要點將長句縮成短句。

【題目三】

將下列文字（一六四字）縮寫成五十字（含標點符號）左右的短文。

所有戰前發生的事情，在戰後都變得微不足道，就像那貶值的貨幣一般。沒有一個人來控告我，審判我，我像一個把殺害的屍體在深林裡埋藏了的罪犯，剛好大雪紛飛，他知道再過幾月，這雪的掩蓋會隱瞞住他的罪行，隨後將找不到一點痕跡。所以我鼓起勇氣又開始生活了，沒有人向我提醒，我自己也就完全把罪過忘記，因為急切想忘掉的事，心就會把那記憶深深埋起。

（褚威格／《同情的罪》／沈櫻譯）

〔習作指引〕

這段文字有兩處譬喻，是屬於枝葉部分，去掉譬喻之餘的是主幹，因只有五十字的容量，所以也不宜原文照抄，還是得用更概括的方式說出，尤其是最後五句。

㈢篇章的縮寫

【題目一】

下列是一篇有關旅遊的訊息（三五三字），請縮寫成一五〇字（含標點符號）以內的短文，不必分段。

五月是中北部桂竹筍產期，今年上山採筍的遊客特別多。春天的桂竹筍不僅數量多到「萬筍齊發」，而且生長速度快得幾乎「一瞑大一公尺」，讓筍農摘得疲於奔命，若是雇工採收，可能把筍賣掉來付工資都不夠，因此觀光筍園可說是最後的一招。

由於筍價低迷，產地一斤鮮筍頂多廿元，筍農乾脆特價優惠，一人只收一百元的低價激起遊客大撈一筆的鬥志，可是不消多久，若非累得體力不支，就是被蚊子叮得打退堂鼓。

這樣筍農可樂了，因為一甲地竹林難得收穫幾千元。可是只要來兩輛遊覽車遊客，就可收入近萬元。而且不少遊客摘了一大袋竹筍，發覺根本乏力背下山，只好拿走一、兩根，其餘全部丟在竹林內。等遊客走後，筍農再喜孜孜的扛下山，因為他等於雇了一大羣倒貼工資的摘筍工人。

俗話說「山不轉路轉」，台灣農業入關後將何去何從，觀光桂竹園應該是一個很有趣的啟示。

（中國時報／六月十三日／休閒旅遊版四十版）

〔習作指引〕

先將各段重點做上記號，再用概括方式把重點濃縮起來，再選擇自己最能流暢表達的順序重新組合。

〔例文〕

五月中北部許多遊客上山採桂竹筍。在雇工採收不符成本的情況下，筍農只有開放觀光一途。一百元低價收費激起遊客撈本的鬥志，但體力不支和蚊蟲叮咬常使遊客放棄採收的成果，猶如倒貼的免費雇工。桂竹林原本收成有限，現在兩輛遊覽車的門

票就近萬元，觀光桂竹林為入關後的台灣農業開啟一個新的思考方向。（陳怡均）

〔簡析〕

這篇縮寫共一四〇字，字數控制得十分安全。作者將二、三兩段有關遊客的部分合在一起，其餘順序大致和原文相似。濃縮後大意均能掌握，唯趣味性已不復存在，不過這大約也是縮寫很難避免的。

【題目二】

仔細閱讀下文章（五八八字），將之縮寫成二五〇字（含標點符號）左右的短文。不必分段。

在年輕的歲月中，我曾很努力的讀了六、七年書。除了詩詞、哲學類當作「享受」來瀏覽外，精力、時間全集中在教育方面的論著上面。

我在中小學任教，現在已經退休。自信廿五年的粉筆生活，不管教育理論與實務，我都維持一種「省覺狀態」；換言之，我並未麻木，而且經常反省觀照著。今天，如果有人問我，對於「教育」看法如何？我會輕輕嘆口氣說：

有形的，狹隘的所謂教育，實在是無用的，人，主要的還是靠遺傳和適當的成長環境。教育者所能做的，是布置、安排適當的環境，讓學生自然的成長。

至於求學中的人，尤其二十歲左右的年輕人，最重要的是發現自己。這點，我有幾句體驗之言：

關於智力的意義與構成因素，各家說法紛紜，我卻在無意中讀到的一篇論文裡領會最多，而且這一觀點影響我一生。一位美籍教育家奧登，對於智力提出特異於眾說的見解。他說：所謂天才，與其說是一些特質因素，不如說是一些心理能力。天才者，第一具有「敢相信大膽想像事物的能力」。第二，具有「絕對集中注意力的能力」。

深讀教育論著之後，我最大的收穫是，相當明確的了解自己身心的優缺點以及傾向趨勢等。

我是一個中智略下資質的人，「我不能」絕對集中注意力，但我能一段時間內只集中注意力做一件事；我也許「不敢」相信大膽想像的事物，但大膽想像的道理，讓我進入文學的園地。這就是我發現自己之秘。

奧登的說法，對平庸如我的影響是如此，對上智以及真正天才的作用，我相信必然是巨大的。

（李喬／〈發現自己〉）

〔習作指引〕

這篇約六百字左右的文章，要縮寫成兩五〇字左右，所以必須把握最重要的意涵，重新整理出作者的意思。此文的重點爲「教育生涯中自己讀了不少教育論著，也常保醒覺狀態。認爲人最主要是靠遺傳和成長環境。教育者能做的只是讓學生自然成長，而學生最重要是在發現自己。影響自己最深的是奧登所說：「天才是一種心理能力。一種『敢於相信大膽想像的事物』和『絕對集中注意力』的能力。這領悟讓自己在一段時間內只做一件事，並以大膽想像的道理進入文學世界。」

四、結語

縮寫可以鍛鍊短時間內一眼辨識重點的能力，也可以鍛鍊去蕪存菁、簡潔文筆、掌握節奏的能力，不但要能掌握文章主題，更要分析文中意念，也得透視作品結構，是不可或缺的語文訓練。題目取材的方向應盡量多樣化，並不一定以文學作品爲限，這樣可以增強學生適應力。

添枝加葉・化簡單爲豐繁

——談「擴寫」

△一、說明

以幾個文章的構成要素、一段話或一則短文爲基礎，鋪排成長篇或完整的文章，這種方法叫做「擴寫」。擴寫的訓練要求學生將零散籠統的說明化爲精細詳實的描述，有强化思考、開拓思緒的效果。

由於有基本的材料足供依憑，又有指定的主題爲方向，學生在寫作時，就不會目標不明或是漫無邊際；而一方面，又留有不少的自主空間，讓學生發揮個人的表達能力與想像力。在實施語文表達訓練的初步階段，是一種值得運用的習作方式。

陳師滿銘在《作文教學指導》書中所引用的，就是標準的擴寫題目：

試將下列一則短文，擴寫爲一篇三百字左右的文章。

陳捷和逸瓊在放學路上，遇上雷陣雨。周老師急忙把雨衣替她們披上。小璐看到周老師給雨淋著，連忙招呼兩人合用雨傘，師生四人高高興興地回家去。

原文只籠統地敍述了相關人物與事件的前因後果，必須再作細節的刻畫與描述，文章才能傳達出動人的師生之愛與朋友之情。

在過去的大型考試中，擴寫的題型曾經被作爲試題，例如八十四學年度大學推薦甄選的非選擇題：

1.請撰寫一則二百至三百字的白話文（含標點，可不分段），以闡發下列引文的旨趣。

2.本題非翻譯題，切勿僅將原文譯成白話。

山徑之蹊間，介然用之而成路，為間不用，則茅塞之矣。

（《孟子・盡心》下）

又如八十六學年度北一女中推薦甄選的試題：

1.根據下列引文旨趣，撰寫一篇二五〇至三百字之間的優美白話文（內含標點）。

2.本題非翻譯，切勿只是譯成白話而已。

梟逢鳩。鳩曰：「子將安之？」梟曰：「我將東徙。」鳩曰：「何故？」梟曰：「鄉人皆惡我鳴，以故東徙。」鳩曰：「子能更鳴可矣；不能更鳴，東徙猶惡子之聲。」

（錄自《說苑・談叢》）

上述兩個擴寫的訓練，一方面可以檢核學生閱讀短文、掌握文旨的能力，一方面還可以考驗學生在一定的方向與範圍內，個人所知所感的能力。

台北市成功高中九十學年度甄選入學高中語文能力測驗國文科試題的短文寫作，題目如下：

下面兩則佳言，請任選一則，寫一篇一五〇字左右的短文，闡述它的寓意。

1. 大海的壯闊來自於無數柔軟的小水滴。

2. 鞋子承受人的踐踏，也引領人走向遠方。

依字面規定，是闡述佳句的寓意，其實也是擴寫。學生在撰寫時，不能超出原句的中心思想，存其意不存其文，必要時，還可舉自身經驗或他人事例爲證，加以輔助說明。

二、教學指南

「擴寫」雖然是近年發展出來的作文新題型之一，但學生所應具備的寫作能力和過去沒有太大的不同。傳統作文所著重的審題、立意、布局、謀篇、寫作技巧等項目，都是千古不易的寫作基礎，其實包含「擴寫」在內的任何一種形式的「語文表達能力測驗」，都無法擺脫這些基本原則，不過這些作文新題型，因爲透過較詳細的引導說明或情境設計，不像傳統命題只有一個題目，所以更能幫助學生寫出獨創性的作品。也就是說，面對「語文表達能力測驗」的種種新題型，學生無須慌亂惶恐，最重要的還是在平常培養好基本的寫作能力，才能在臨場時依規定拓展文思，發揮個人見聞以及感思。

深入言之，「擴寫」不是徒然爲了拉長篇幅、增加字數，所以寫作之時，不宜將全部原文打散納入，中間再穿插其他文字。在練習時，可把握下列原則：

㈠教師實施基本的擴寫訓練時，可從最基本的句子做起，再逐步擴充至段落、篇章。例如「雨下個不停」這個簡單的句子令學生擴寫，可成爲「已經到了放學時間，外面還在下著傾盆大雨，這場雨從早上出門時就開始，一直下到現在還沒停，所以到處是一灘灘的積水。」

關於篇章擴寫的部分，可由教師提供敍述的要素：時間、地點、人物、事件等，再讓學生發揮合理想像，練習擴寫。例如「以暑假，網路咖啡廳，電子郵件，網友，眼淚爲要素，寫成一篇三百字左右的文章。」學生就可騁其思緒、大顯文才，這個題目比較關鍵的要素是眼淚，爲什麼會流淚？是喜悅的淚或悲傷的淚？就看學生如何從合理的情節中提煉出有意義的思想要旨。

㈡另外亦可提供完整的記敍性文字讓學生擴寫，如上引北一女中推薦甄選試題。學生應先精讀原文，掌握中心思想，深入事件的來龍去脈，然後再修飾刻畫有關角色的語言、神態、行爲、心理活動等。在寫作時，要加强重點部分——例如梟說明東徙的原因，把抽象的化爲具體呈現，把隱藏的突顯出來，把省略的加以補充，使文章更爲活潑動人；至於非重點部分——例如梟逢鳩，鳩曰：「子將安之？」兩句，簡略帶過即可，不必將原文的每一句話都擴充。

㈢原文若屬於議論性質，多爲概括性敍述，則應該加以詳實鋪陳；原文若使用象徵或譬喻的技巧，如上引八十四學年度大學推薦甄選試題，寫作時，必須琢磨出原文的旨意，孟子說：「山徑之蹊間，介然用之而成路，爲間不用，則茅塞之矣。」並非僅指眞實的山路狀況，而是譬喻，重點在「學貴有恆，不可間斷」，因此要做廣度與深度的敍議，使文章不但能顧及表面所言，同時也能深入發揮，將原來的內容提升至更高境界，讓旨意更形明確與深刻。

㈣實施擴寫訓練時，若規定只須做一般形式的擴寫，而且有嚴格的字數限制，必須提醒學生：首要把握原意；其次在細節上開展與想像，思考七個W（WHO誰、WHEN何時、WHERE何地、WHAT什麼、WHICH哪一個、WHY爲什麼、HOW怎樣）來增長篇幅，以實例支持抽象的意念，聯想對話使文章生動傳神，加强修飾語以增添文采，但不可任意改變原文的體裁、人稱、主要情節、結構布局等項目，也不必發表個人看法或探討啓示。

㈤在學生能掌握基本的擴寫原則之後，教師不妨於題目的設計上多給予發揮的空間，減少限制，讓他們在原文的加强擴充之外，盡情爲主幹添加繁茂蔚綠的細枝葉片，使文章也呈現出自己思路的軌跡。

三、分類

㈠一般型

「一般型的擴寫」是以原文爲基礎，根據其中心意旨，著眼於有關的細節，適當地增加環境、人物或其他重點的描寫，以擴展內容、豐富情節，但原文的主要內容和中心思想則不能加以更動。

【題目一】

請先仔細揣摩下文，認眞思考，而後根據你的觀念與看法，自選一則你最認同的引文，擴充其旨趣，以二百字至三百字的篇幅寫成一篇結構完整的語體文，自訂題目。

*金錢能推動世界旋轉。

*如果你懂得使用，金錢是一個好奴僕；如果你不懂得使用，它就變成你的主人。

*金錢不是生活的目的，而是生活的工具。

*那些以勞力、勤苦獲得金錢的人，最知道金錢的價值；那些將它用於供給及發展學識、美德與信仰的人，最知道它的用途；那些因意外被騙而喪失它的人，最知道它的虛幻；那些經驗過保管它的困難和危險的人，最知道擁有它的煩惱。

*黃金對於人的靈魂，較諸任何毒藥更有毒，而且在這個邪惡的世界上殺人更多。

*人而無錢如鳥之無翼，若高飛沖天，必自墜於地而死。

*一個擁有大量金錢的人，等於擁有強大的力量。但那力量可以為善，也可以作惡。

〔習作指引〕

習作這一個題目之前，必須先仔細閱讀選材。提供的引文都與金錢有關，分別是西洋諺語或是名家之言，各有不同的意旨，可粗分爲三類：一是讚頌金錢的重要性；二是肯定金錢帶來的罪惡；第三類看法比較持平且理性。學生可就思考和體悟，選擇自己最認同的一則加以闡發擴寫。若自己眞的奉「金錢萬能」爲名言，就不必故做清高；若如古人般厭棄「阿堵物」，就要强調金錢對人之危害。總之，文章的立場要與引文一致，不可另作轉折。

需注意的是，要將所引用的文句寫入文章中；而且應在文章完成後，訂定一個能夠彰顯旨意的題目，光定題爲「金錢」，雖無不可，但太籠統。舉例來說，如果文章是高歌「金錢至上」，那麼將引文改編一下，定題爲「推動世界旋轉的力量」，就很有氣勢。

〔例文〕

繫上黃金的鳥翼

鳥翼如果繫上了黃金，這隻小鳥便永遠不能再飛到天上翱翔。

金錢對某些人來說，就像一汪無底的深潭，會讓他們所有的廉恥、價值及良心沉溺在裡面。為了金錢，他們甚至不惜出賣自己。所以說：「黃金對於人的靈魂，較諸任何毒藥更有毒，而且在這個邪惡的世界上殺人更多。」它可以使親人反目、同宗分裂，使急於追求它的人心智迷失、拋棄人性最珍貴的部分，成為它的奴隸而不自覺。

如此，當構成人生意義的堡壘逐漸被拆除瓦解時，擁有再多的金錢又能如何？

何不試著放下背上的黃金，讓自己的負擔減輕？不要做繫上黃金的鳥，因為這樣就只能在原地徘徊，再也不能展翅於天際，自由自在追求自己高掛在藍天的夢想了。（王盈捷）

〔簡析〕

以鳥翼繫上黃金爲喻，說明金錢對人的束縛，頗有創意，泰戈爾《漂鳥集》中也有類似的說法。本文首、末段都能扣合題目，使全文具有統一的文氣。

惟作者是以「黃金對於人的靈魂，較諸任何毒藥更有毒，而且在這個邪惡的世界上殺人更多。」爲基礎加以擴寫，文章內涵與這句話不夠相切，本文說明金錢帶來的束縛，而引文則直指金錢對人的毒害，雖然對金錢所持的態度同樣是否定的，但二者程度有別，宜做更細密的區分，故文章內容應强調爲攫取金錢而喪失人性，以致造成殘害別人的災禍。

【題目二】

請將下列引文的內涵與情境擴寫成一篇完整的文章，字數約在四百字左右，自訂題目，須加標點符號。

有一次我與朋友相約，朋友遲到了，我卻不會難耐不安，因為欣賞白雲的變化，讓我獲得無比的樂趣。

〔習作指引〕

許多人曾經苦經歷過「與朋友相約，朋友遲到」的狀況，而「欣賞白雲」的美感經驗就不見得是大家所熟悉的了，但再深入想想，這是全然陌生的情境嗎？也不至於吧！試著從精神資料庫中搜尋，應該能喚起舊有記憶。

這一段文字雖短，但提供的要素（人物、事件、結果）充分、情境（等人、看雲）完足，「看雲」與「獲得樂趣」是兩個重點，要精細刻畫、豐富內容，擴充成一篇結構完整的記敍文並不難。若能從中琢磨出耐人尋味的生活哲理，再標上具有「畫龍點睛」作用的題目，整體表現會更亮眼。

〔例文〕

偶然得之的趣味

情趣之為物，何必徜徉名山、泛舟大川才能獲致？難道非要居處在竹籬茅舍之中才能體會嗎？現代生活中，情趣也是俯拾可得的。

一次難耐的等待時刻，與朋友相約，卻遲遲不見伊人芳蹤，想來是因為塞車受阻而晚到。現今的台北市，塞車遲到彷彿是被默許的，誰沒有過這個不愉快的經驗呢？但我心中不知已經咒罵她多少遍了。豔陽下我頻頻拭汗看錶，多希望時間趕快跳過這一段……。

偶一抬眼，看見了藍天中聚合不定的白雲。我自問：有多久沒有好好看雲了？仔細看，才發覺白雲其實不盡然是純白的，有透著光亮的銀白，有凝結厚重的灰白，有淺淡微細的柔白……。看雲朵飄移，或在過程中被風吹得成絲成縷終至無影無蹤，或在一座山頭上追到前方的雲結合成另一番姿態，千變萬化，令人著迷，如果說山的特色是恆定不移，白雲的妙處就在不肯停駐、固定成形吧！

噢，朋友來了，等待的難耐不安在片刻看雲的樂趣中蕩然無存。

你是否也有過這樣偶然在生活中發現情趣的經驗？一次偶然得之的趣味，竟是我快樂良久的關鍵。

〔簡析〕

例文第三段對於雲的變化有細致優美的摹寫，雖爲原文所無，但不偏離原文文意，能符合擴寫原則。題爲「偶然得之的趣味」，能夠提煉出「在等人時看雲，而獲得樂趣」這一個美好經驗的精髓，文中融入「無心追求，偶然獲致」的生活哲理，文章境界爲之提升。

【題目三】

下列文字取材自《莊子．山木篇》，內容有人物、有情節、有評論。請仔細閱讀，然後擴寫成一篇完整的白話文，字數在四百至五百字之間。

> 陽子之宋，宿於逆旅。逆旅主人有妾二人，其一人美，其一人惡，惡者貴而美者賤。陽子問其故，逆旅小子對曰：「其美者自美，吾不知其美也；其惡者自惡，吾不知其惡也。」陽子曰：「弟子記之！行賢而去自賢之行，安往而不愛哉！」

〔習作指引〕

這一則應先將文言文改寫爲白話文，再加以擴寫，規定的字數既是四百至五百字之間，可見本題不能只是譯成白話文而已，必須針對細節加以擴充。

依本文內容，可分爲三個段落：第一段是陽子寄宿旅館，見到老闆的兩個小老婆，一美一醜，照理說，應該是美的受人喜愛、醜的被人嫌惡才是，可是結果卻相反，到底醜的那位如何被尊重而美的那位如何讓人討厭呢？這裡就是學生應該好好著墨之處。

第二段是陽子和旅館員工的對話，員工說明了醜的小老婆被尊重、美的小老婆讓人討厭的理由。學生也可在這裡加以發揮，把「一般人對別人的評價其實是取決於其人心態與行爲表現，而不在於外貌」的道理闡明。

第三段是作者借陽子之口所表達的評論，也是全文畫龍點睛之處，學生必須說明「行賢而去自賢之行」的深義，在《莊子》書中所要強調的是「具備賢德而能拋棄自己引以爲賢的行爲」，也許學生並不能完全契合原書深旨，但若能就顏淵的「無伐善」、劉備的「施恩愼勿念」等文意擴充，則雖不中，亦不遠矣。

【題目四】

請根據下列引文的主旨擴寫一篇約兩百字的短文。不必抄題，須加標點符號。

> 地球並不屬於我們，而是我們屬於地球。所有的生命萬物都緊密相連著，就像血緣維繫家庭一般。

〔習作指引〕

這是最基本型式的擴寫，學生必須思考人與地球的主從關係，平心探究「人爲萬物之靈，足以掌控一切」的觀念是否正確？「征服自然」、「人定勝天」的用語是否要加以糾正？要知道「自然」和「宇宙」並不是我們的敵人，人類不過是地球上數百萬物種中的一個，無數物種在過去億萬年來能夠存活下來的原因，是彼此合作，人類對其他物種亦然。本文主題與「環境保護」有關，卻不全然僅止於此，必須以「所有的生命萬物都緊密相連」的角度出發，思索人類得之於地球這個大環境的，以及生存其中應該做到的。

㈡變化型

「擴寫的變化型」是掌握原文的主旨，不做改變，就像爲主幹補上細枝茂葉一樣，這種型式的訓練重點在於運用想像力來豐富文章內容，或是擴充論據，以增强文章的說服力。根據題目的規定，學生宜就個人的體認，用不同的例證或實際狀況鋪排想像，另作刻畫，擴充爲更複雜更完整的篇章。

【題目一】

請閱讀下列引文，掌握原詩主旨，就個人領悟，用不同的例證或實際狀況加以說明，擴充為內容完整的篇章，以一五○字（不得少於一二○字）為限。

與其在玻璃缸中保持清澈，我寧願是淺黑的海水。

（改寫自泰戈爾《飄鳥集》）

〔習作指引〕

針對引文加以揣摩，由「與其……，寧願……」的表述不難確定主題，雖然淺黑而非清澈，但顯然原文所肯定的是「海水」，而不是「玻璃缸中的清水」。行文拓展詩意之時，若將主旨深化，可以衍伸出立身處世的法則，或配合個人的經驗，提出符合題旨的價值判斷。學生在思考時，可以獨出新意、具體取材，然須時時緊扣主題。

〔例文一〕

對於追求學問的態度，有兩種不同的類型：一種人才學到一點皮毛便自覺足夠，到處炫耀，卻不知自己就像玻璃缸中清澈見底的水，那樣的淺薄貧乏，讓別人一覽無遺；而有一種人不斷追求深廣的知識學問，他所蓄積的境界廣博深厚，如海洋一般，所以別人總是覺得他內涵豐富、高深莫測。（林子卉）

〔例文二〕

水的清澈與否，在於其循環的過程。玻璃缸中的水方便隨時傾倒替換，所以明淨亮眼；海水的更替速度過於緩慢，所以顯得暗濁。但依其涵容的生命現象而言，缸中那平靜無波的水，只能上演一齣死寂蕭條的戲碼，清澈透明，卻生氣匱乏；海洋的廣博蘊含著無限，默默滋養著優游的水族，色調淺黑，但生命力蓬勃無限……（方盈文）

〔例文三〕

玻璃缸中的水總是清澈透明，任何人一眼就能看穿它所有的世界，少了那麼點讓人深入探究的吸引力。然而海水廣博浩淼，我們怎麼去測量它的體積？又因深不可測，我們更難以了解海底世界的真相。人不也如此？如果一味安於固定的格局，那麼自己將永遠侷限於淺薄無知的框架中；若能不斷涵養如大海，那麼精神世界是不可限量的。（陳淑娟）

〔例文四〕

玻璃缸中的水就好比溫室裡的花朵，受盡呵護，但卻禁不起風吹雨打；海水無法清澈見底，但它經過眾流匯聚，有的是經驗的累積和智慧的結晶。人生旅程中，有時一帆風順，有時難免受到波濤洶湧的挑戰，風平浪靜雖是你我所渴望，但歷經大風大浪之後得到的醒悟與體驗，想必更是你我所需要的。（蔡念芷）

〔例文五〕

玻璃缸中的水，清澈得足以讓人看見缸中游魚的無奈與無聊；海裡的水帶著混沌的淺黑，卻掩不住魚羣活躍的影子。人也是如此，被封閉在無菌空間裡的人，過度受到保護，並不會快樂。我們需要的是一個真實的世界，那裡有罪惡，但是也有愛；那裡有冷漠，但是也有關懷；那裡有背叛，但是也有友誼。不管如何，至少還擁有自由。（張寧靜）

〔簡析〕

1.例文一以「追求學問的態度」爲立論基礎，區隔出「在玻璃缸中保持清澈」和「淺黑海水」的不同層次，文字雖平淺，但旨意深刻，值得深思。

2.例文二直接就「水所處的環境」下筆，與引文的契合度很夠。以「生命的涵容」的現象來評論，順理成章帶出「海水高於玻璃缸中的水」之文旨。

3.例文三先以引文爲基礎，擴充原文文意，然後筆鋒轉至人事現象，以深度的敍議將原來的內容提昇至更高的境界，使旨意顯得深刻而具啓發性。

4.例文四用比喻說明玻璃缸中的水的局限，文中「溫室裡的花朵」和原文「保持清澈」有著令人喜愛但又有所不足的同質性，足見作者的慧心巧思，而後再引申到人生境界，點出千古不易的眞理，文章的表現簡潔而有力。

5.例文五的思考比較特別，突顯原文中的「淺黑」，轉化爲人世中的「罪惡、冷漠與背叛」，然後再說明縱然有黑暗，但還是有著「愛、關懷、友誼」的光明面，表現頗爲不俗。

6.原文有兩個不同層次的比較，學生在擴寫之時，亦須雙軌並重，不能忽略其一。原文的主旨是肯定「海水」，而非「玻璃缸中清水」，上引五篇例文都能確定這一點。行文之時，也沒有必亦步亦趨地將原文拉長，都能針對主題，加以詮釋發揮，故使文章更具可讀性。

【題目二】

請仔細閱讀下列數則短文，揣摩其深義。然後分析、歸納這幾則引文的共同旨趣，擴充你所歸納出來的旨趣，寫成一篇結構完整的語體文，自訂題目，篇幅在四百字以內。

＊愛是懂得接受他人。
＊愛是敏於他人的需要。
＊愛是尊重、肯定和欣賞。
＊愛是容許他人和我不同。

〔習作指引〕

這一個題目要先分析、歸納文旨，再加以擴寫。這幾則關於「愛」的引文，是由心理學家所提出，能幫助我們對愛的本質有深刻的思考。

經過分析，會發現引文所提到的愛不是單純的心理感覺，而是和他人相關的互動，一、二、四則都明顯提及對他人的態度，而第三則雖沒有出現「他人」這個字眼，但顯然也是指對他人的態度。因此學生在寫作時，必須把握此一主旨，方不致於悖離引文所蘊含的深義。

【題目三】

下列文字選自明・洪自誠所著《菜根譚》，請仔細閱讀，然後擴寫成一篇完整的文章，內容除深化文意之外，並請另外舉出人物的例證加以說明，字數在六百字左右。

君子之心事，天青白日，不可使人不知；君子之才華，玉韞珠藏，不可使人易知。

〔習作指引〕

這一個題目不但要圍繞中心論點擴寫，還要舉例闡釋。引文有兩項：「心事」和「才華」，態度也有兩種「不可使人不知」和「不可使人易知」，「天青白日」和「玉韞珠藏」是兩個譬喻，用來點化兩個重點。文字淺顯，不難理解，闡發論點之時要注意並重二者，不要有輕重之別。舉人物例證時，若無法以同一人事跡來說明，亦可分就兩個以上的例子，或者正反並陳來强化。

【題目四】

下列引文節選自羅蘭〈聲音的聯想〉，請仔細閱讀，思索文字的意涵。請你將這段文字擴寫成完整的篇章，文章中並記敍你自身的經驗，以符合引文意旨。字數在四百字左右。

真正可喜的靜，並不是全無聲息的靜，而是當有一種聲音使你發現自然的時候，你所感到的那種親切安詳的靜。鳥語、雞鳴，都象徵著不受市聲干擾的那難得的時刻，遠人為、近自然，丟棄物質的徵逐，發現精神和性靈，這時候，你就會覺得寧靜。

〔習作指引〕

這一則引文情味雋永，令人神往。深入分析之後，可以發現這段文字屬於概括式的說明，看似抒情，其實論理，我們可以做如下闡釋——令人可喜的寧靜，不是寂靜無聲，而是聽到了來自自然的天籟，這天籟會令人拋開塵俗的物質，眞正發現自己的精神和性靈所在。規定必須記敍自身經驗，以豐富文章內容，故學生在闡述意旨之餘，應搜尋與自然相親的經驗，且以「聽覺」爲主，具體描摹內心感受，才能符合題目要求。又，本則引文表現了悠遠空靈的意境，在寫作時不妨力求筆調抒情唯美，以與引文相映襯。

四、結語

「擴寫」雖然屬於語文表達訓練中較基本的一種方式，原創性不算高，但透過良好的命題設計，還是可能引導出學生富含有一己之見的作品。而且，題型稍加變化，就能設計出各種形式的題目，從中外古今的典籍或報章雜誌中，不難搜尋到可供擴寫的引文，在寫作之外，還讓學生有閱讀、理解、思考的練習。

上述擴寫的設計幾乎都參雜了其他「改寫」、「閱讀」、「引導」等作文題型，目的是讓學生能夠純熟地運用理解、分析、綜合等能力。擴寫並不僅是將文言的原文翻譯成白話文，也不是將白話的原文添加字詞、拉長篇幅而已。一般型的擴寫訓練，著重的是文字的鋪陳與敘述，練習時，有時要「無中生有」，有時要「由短變長」、「由近至遠」、「由小而大」，對學生的想像力與文字表述能力絕對有正面的幫助；而擴寫的變化型訓練，更能强化思考，讓學生先歸結出旨意，再就旨意選擇適當的素材組合成文，這種「添枝加葉．化簡單爲豐繁」的本領，誰說不是作文能力中重要的一環呢？

舊瓶新酒・掌握原作精髓

——談「仿寫」

一、說明

仿寫是根據所提供的範文或一段文字，依照提示，分析掌握材料特色，寫成相似且具有某些新意的篇章。可以仿寫的包括修辭、句法、例證、表現手法、結構佈局、人稱立場、語言特色、思想主旨……等等。歸納爲「形式的模仿」和「內容的模仿」兩大類，前者重形似，後者重神似。當然兩者亦非截然二分，此處的分類只在求說明方便罷了。

二、教學指南

仿寫有如學畫的臨摹，或練字的臨帖。透過良好形式或內容的示範，讓習作者從「依樣畫葫蘆」中學習別人如何立意取材，如何開頭結尾，如何運用各類表現技巧……從模仿中鍛鍊自己的文筆，同時也從模仿中獲得經營文字的樂趣。仿寫可以幫助學生在形式或內容上取得一個較高的起點，也許原創新意會少了些，但文字卻可以維持在一個水準之上，是幫助初學者跨出穩健步伐很好的練習工具。

然而仿寫的優點也正好是限制所在。受限於已經畫好的那個葫蘆，有時爲了模仿，瞎拼硬湊、矯情造作，流於「東施效顰」式的抄襲；有時自說自話，看似仿作，實際上如野馬脫韁，完全不顧仿寫的精神，但變成漫無限制的創作了。確切掌握原材料菁華是仿寫最難的部分，不但能看出文筆優劣，也能辨別出語文鑑賞能力的高下。

命題時宜愼選範例，並不是所有文字均適合拿來仿寫。總要在形式或內容上有明確特色，讓人能具體掌握的才適合拿來當範例。在作提示時也應與範例特色充分配合，讓學生明白該模仿的部分和可以自由發揮的界限在哪裡。如此，才可以一方面提供一個較好的下筆高度，一方面又不失創作應有的新意，這是仿寫眞正要達到的目的。

三、分類

㈠形式的仿寫

主要在仿擬範例的外在形式，如修辭、句式、例證、表現手法、布局結構、人稱立場、語言特色等等。大都依照範例的外在形式特色，選擇新的材料，採用「舊瓶裝新酒」的方式下手。乍看與範例相似，實際上因材料不同，仍會保有自己的風味。若是原酒回鍋，了無新意，那就失去仿寫的價值和樂趣了。

形式的仿寫比較容易掌握，只要不脫離提示所要的形式特色，大體就不易違規，所要用心的是材料的選擇和文字的經營。以下列舉幾種加以介紹。

1、「句式」的仿寫

【題目一】

葉維廉有詩〈童年是／終日無所事事〉，仔細閱讀這段文字：

童年是

終日無所事事
走上大街小巷向形形色色黑暗的屋裡探頭張望
聽深深的黑暗裡一扇木門兀兀作響

童年是
終日無所事事
把衣服脫精光在溪水裡濺水追逐，在溪瀑下
任水衝打肌膚然後閉目遠遊到他鄉

童年是
終日無所事事
躺在野花紅似火的山坡上看藍天裡白雲追趕著白雲
或躺在曬穀場上夜的大傘下數一夜也數不盡的星星

請模仿這首詩的句式，以「青春是……」爲開頭，重新創作一首至少兩小節以上的作品，每小節均仿原作分四行。

〔習作指引〕

在形式上把握每節四行的原則，每節開頭兩句均相同。在內容上請學生就自己切身所感，抓住一個最足以代表青春年歲的詞語，可以是具體的，也可以是抽象的。然後就這個語詞的特質加以發揮，發揮的這兩行盡可能用具體意象呈現，詩的感覺會比較生動。

〔例文一〕

青春是
不歇止的光影追逐
當太陽照到紅磚道的第二棵榕樹
教官早已矗立校門口收集通關密語

青春是
不歇止的光影追逐
總在鐘聲起落間找尋那張別人不以為意
在我卻閃動如明珠的熟悉側影

青春是
不歇止的光影追逐
斜望教室外菩提葉縫間的藍天，一顆心
早隨白雲浮蕩在無垠的晴空中（陳抒惠）

〔例文二〕

青春是
一種欲求不滿
擁有一雙矯健修長的美腿
卻因展示櫃中標價三千的耐吉悵然若失

青春是
一種欲求不滿
懷抱最多的勇氣和渴望
卻只能在方圓十里之內飛翔

青春是
一種欲求不滿
當我換到最多的自由
時間已不再足夠任意揮霍（石一瑜）

〔簡析〕

例文一掌握青春年歲那種時間的躍動感，用「光影追逐」來呈現時間的變化，作者在每一小節裡捕捉一個青春年歲特有的畫面，盡力製造時間流動的感覺。例文二用青春年歲經濟不獨立和行動不自由爲主旨，表達人人稱羨的青春也有無奈的一面，等到獲得自由的時候，青春其實也差不多逝去了。兩篇在句式模仿上均能符合要求，唯小節間聯繫較弱。

【題目二】

清朝才子金聖嘆和友人在十日連綿陰雨中，困守旅途寺廟裡，窮極無聊思及人生眞正快樂的時刻有哪些，寫下有名的「不亦快哉」三十三則。請仔細閱讀下列三則：

其一：夏七月，赤日停天，亦無風，亦無雲；前後庭赫然如洪爐，無一鳥敢來飛。汗出遍身，縱橫成渠。置飯於前，不可得喫。呼簟欲臥地上，則地溼如膏，蒼蠅又來緣頸附鼻，驅之不去，正莫可如何，忽然大黑車軸，疾澍澎湃之聲，如數百萬金鼓。簷溜浩於瀑布。身汗頓收，地燥如掃，蒼蠅盡去，飯便得吃。不亦快哉！

其一：夏日於朱紅盤中，自拔快刀，切綠沉西瓜。不亦快哉！

其一：朝眠初覺，似聞家人嘆息之聲，言某人夜來已死。疾呼而訊之，正是一城中第一絕有心計人。不亦快哉！

請模仿金聖嘆「其一……不亦快哉」句式，作三則日常生活中足以稱快之樂事。每則字數不限。

〔習作指引〕

這是一個經常被拿來仿作的句式，梁實秋也有一系列的「不亦快哉」。下筆時要注意這個句式所講究的節奏感，每一則當中要製造一個轉折或高峯，避免過於平淡沒滋味。至於內容詼諧戲謔或莊重優雅都無妨，以能製造出一種叫人忍不住擊掌稱快的勁道爲重點。

〔例文〕

其一：午夜半睡半醒間，蚊子嚶嚶盈耳不絕，有如轟炸機夜襲，幾次揮手驅趕不成，索性開燈與之作殊死戰。終於在牆壁某處發現此賊蹤跡，「啪啦」一聲，血花四濺，終於可以高枕無憂。不亦快哉！（陳俊達）

其一：收集柑橘種子一把，種在花盆內，每日細心呵護，春來漸漸長成小小森林一片。不亦快哉！（邱心聞）

其一：痞子耍酷，當街表演機車特技，正在自鳴得意之時，摔個四腳朝天，出盡洋相。不亦快哉！（藍雨荷）

其一：與朝思暮想的「美眉」同擠一輛公車，陰雨綿綿，紅燈頻頻，交通打結，彷彿一輩子開不到終點。不亦快哉！（張建瑋）

其一：天寒地凍，外出不宜，泡一杯熱騰騰的咖啡，再放上一段悠揚的樂章，把寒冬關在窗外。不亦快哉！（余旆珊）

其一：在導師拉長馬臉準備開罵之際，赫然發現週記就躺在兩本課本之間，即時解除警報。不亦快哉！（翁可玫）

〔簡析〕這幾段文字都算能掌握「不亦快哉」的節奏感，運用簡潔的語句，按照題意，從生活中擷取點點滴滴，無論莊諧，都能製造不錯的張力，符合這個句式的基本精神。

2、「文章例證」的仿寫

【題目一】

請先閱讀下列三段文字：

> 學會尊重自己，尊重別人，是我們目前教育最迫切要做到的事。我們的學生試考得太多，書讀得太少，所以對社會上的人情冷暖、生活百態並不理解，更不要說體會。不理解、不體會別人的疾苦，所表現出來的自然就是冷血。只有當一

個人能充分瞭解個人的所作所為都會對別人造成影響，他才會真正瞭解自己生命的意義與存在的價值，也只有這樣，一個人才能學會體諒別人、尊重別人。

假如我們體會到雙排停車時，別人必須要煞車才能繞過你的車，這是侵犯到別人的權益，因為它的煞車原來不需踩，煞車皮不需那麼快換，他也不需要冒多餘的險去變換車道，以避開你的車子。假如你能體會到這一點，就不會讓車子在路中間停留，因為這是侵犯到別人權益不應該的事，而不僅僅只是怕警察要來開罰單。

會為對方的處境作一番思考，能體諒別人、約束自己的人，才是一個文明人。

（摘自88年1月3日聯合報／曾志朗生命教育——教改不能遺漏的一環）

1.上述文字以「雙排停車」為例，請仿此例的寫作方式，另舉「侵犯別人權益」不應該的事。

2.仿作時，以「假如我們體會到」開頭，舉出事實，並加以闡發。

3.只改寫第二段，完成之文字應兼顧能與首、末段的文意相貫串。（答案紙上不必抄首末段）

4.不超過二百字。

〈台北區高中八十七學年度第二學期第二次聯合模擬考試題〉

〔習作指引〕

1.範例是一篇帶說明性質的演講稿，所以，在仿作中也要維持演講稿的口語化和說明性質，不能過於艱深，以致於和前後文氣氛不統一。

2.新例證的挑選最好以「侵犯他人權益」、「生活中常出現」、「一般人卻習以爲常」的事例爲主，最好不要異想天開，脫離現實生活太遠。

3.題目規定不超過二百字，就應確實遵守，去蕪存菁，不要浪費篇幅。

〔例文一〕

假如我們體會到把婚喪喜慶的棚架搭在路中間，就必須迫使原來行經此路的車輛和行人改道，我們就不會製造障礙，要求別人遷就我們的需要。即便佔用的時間只有幾小時，也不應視為理所當然。傳統農村碰到婚喪喜慶，在大庭院搭棚架舉行，在場地方面沒有侵犯他人權益的問題，又可以增進鄉人之間的情誼，同樣方式換到城市空間，實在就顯得不夠尊重他人了。（陳婉君）

〔例文二〕

假如我們體會到我們在買一樓房子時，並沒有連馬路都買下來，那我們就不會以為一樓的路邊屬於一樓住戶停車專用。太多一樓住戶設置路障，佔據住家的路邊以為己用，使得原本可以充分流通使用的車位，因自私自利而降低功能，結果也間接害到自己，因為當我們行經別人家的地盤時，同樣會出現沿途路障而一位難求的情形。

（陳峻愿）

〔例文三〕

假如我們能體會到踩一腳狗屎的窘狀和痛不欲生，我們就不會放任自己的寵物隨地便溺而不作處理。公園常可見遛狗人士，卻少有人攜帶處理寵物便溺的器具，似乎只要不大在自家門口就算時地皆宜了。假如我們能設身處地去體會那種走在路上閃躲地雷的掃興，我們就不會只顧自己方便，卻帶給眾人不便，畢竟這是野蠻的象徵。

（劉亞文）

〔簡析〕

則例文的內容都和行的方便有關，可以看出一般學生在行的方面感受最深，被侵犯的機會也較多。三則在內容的選擇和首尾文氣的貫串方面都做得不錯，文句的口語化也沒被遺忘。筆者批閱過程中，發現學生最大的問題還是在文句不夠簡潔，以致二百字的篇幅沒有承載足夠的份量，可以提醒學生在口語化和簡潔之間應盡量取得一個平衡。

3、「表現手法」的仿寫

【題目二】

同一個空間的景物常會因時間的轉移而變化多端，日出、海景、街景莫不如是。「移時換景」是一種著重觀察能力和描繪能力的表現手法，仔細閱讀陳列〈八通關種種〉篇中節選出來的這段文字：

午後二時半，我在東側的斜坡上坐下來休息。微風冷冽，陽光勉強散發著一些溫暖。整個草原枯黃之中微帶著綠意。吐紅的台灣馬醉木和凍成赭紅色的紅毛杜鵑，一叢一叢的，與或死或活的二葉松一起疏落的散立在優美起伏的草坡間。草原上縱橫相連的那些小徑和林下的避難小木屋，寒涼安靜。西邊遠處，是白雪嵦嵦的北峯與東峯一帶的山頭。

然後薄薄的煙嵐開始出現，從北側的陳有蘭溪谷頭翻越上來。煙霧在草原上，在我的眼前飄飛輕舞。陽光篩透而過，亮光和淡影貼著草地流動變化追逐。我拿起筆記本，低頭寫下我的感動。幾度抬頭間，霧漸濃，只有陽光仍在。但是大約十分鐘之後，待再抬起頭來，我卻赫然發現所有的景物都消失在瀰天蓋地的灰色濃霧中了。我也被包在其中，視線不及一公尺。

短短一段時間內，草原景觀有三種不同變化，請模仿這種「移時換景」的手法，寫一段生活中曾經歷過的景物。

1. 請把握「空間不變，只有時間推移」的原則。
2. 請使用適當的時間詞作爲區隔。
3. 題目自訂，字數不限，可以不必成篇。

〔習作指引〕

1. 這類「表現手法」的仿寫比起前兩種要稍複雜些，「移時換景」的名稱也許並不熟悉，不過仔細閱讀題目應可明白重點何在。「空間不變，時間推移」是主要的表現技巧，想辦法讓你選擇的空間像舞台一樣，不同時間上演不同戲碼，呈現不同畫面，再用筆仔細描繪出來，越具體越好，不要光使用抽象形容詞。

2.空間的選擇要具體，讓人明確知道視線範圍。

3.時間詞的使用最好能有些許變化，不要總是「然後」、「然後」，景色變化也至少有三段，才不至於太過單薄。

〔例文〕

我坐在二樓靠窗的最後一個位置，是那種距離講台很遠，給人感覺很安全的位置。五月的早自習，陽光會讓大王椰子的葉片在我桌面舞動。從窗口望出去，可以看到椰子樹葉俐落的線條，在陽光閃射之間，這棵椰子樹顯得特別立體，朝陽像一個神奇的燈光師，為它鋪陳出雄偉的形貌。

第一節下課鐘響時，日光早就爬過窗頂，燈光師變換它的角度，這時的椰子樹不再有神秘面目，修長的身形清清楚楚的攤在陽光下，像風景畫片上的一棵樹，被黏貼在窗框之間。

第三節上課鐘一打，所有上體育課的人就在這棵椰子樹背後的操場活動。跑操場的、作熱身操的、打排球的、賽籃球的，十足動感的背景反而讓椰子樹變得距離窗檯更近，彷彿它也要擠到窗內和我一起探望這世界。

終日，這扇窗為我上演著不同的風景，所以講台和我的距離也就更遙遠了。（莊容淑）

〔簡析〕

以一個窗口爲視覺角度，分別描述三個時段的景觀變化，用椰子樹爲畫面中心，以陽光照射的角度來呈現不同景致變化，陽光移動讓固定空間中的時間產生流動的感覺。景色的描寫尙稱具體，運用譬喻或擬人使文句活潑起來，時間詞的使用也將畫面明顯區隔成三部份。提示雖標明可以不必成篇，此文倒是作了首尾照應，算是篇幅完整的小品。批閱此文時深覺窗外的舞台比起黑板前的舞台要迷人多了。

【題目二】

只是，這麻雀無法說人話，於是他只好藉著啾聲表達。啾聲可分長短緩急。長的，輕脆連綿不絕，約略是訴說情緒的愉悅，或是叫喚春日的美好；短的，吞吞吐吐持續，大概在於表達內心的沉思，或是探索事物的新奇；急的，鏗鏗鏘鏘擊個不止，似連珠而無法停歇；緩的，卻又柔柔汩汩流個不斷，反而不似刻板印象中的麻雀了，到有些悠閒如白鷺，如烏鷲。（何修仁〈麻雀〉）

以上文字中，作者將麻雀的啾聲細分成長短緩急四種，並分別加以描述形容。請參照例文，描寫「一種」動物的「聲音」或「外表」。文章不需成篇，文長不得超過三百字。

〈八十八年度語文表達能力測驗預試卷三〉

〔習作指引〕

此題寫作要領在選出一種動物，針對其聲音或外表的特性，提出一個「概括說法」，再由這個概括說法所涵蓋的角度分別切入，細寫其何以如此。範文中以「長短緩急」概括麻雀啾聲的四個特性，仿作時不一定要用一個字概括一個特性，因為並不是每個聲音或外表的特性都能用一個字概括出來，只要將這些特性集中，在文前一口氣提出就可以了。

〔例文一〕

對於我家的咪咪來說，用「光澤平滑、線條飽滿、坐臥皆宜、款款生姿」來形容它的外貌是再恰當不過了。光澤平滑指它的皮毛，虎斑的短毛閃耀著野生動物般的光澤，撫摸起來柔滑順暢，別有一種紮實和彈性，絕對是一般長毛貓咪無法望其項背的；線條飽滿想必也是牠深感自得的地方，渾圓的臀部配上優美的尾巴弧度，在你腳下磨來轉去；至於坐臥皆宜是指牠不管是直立兩隻前腳的坐姿，或是盤據成一圈的臥姿，都輕靈迷人，無一個角度不入鏡；作為一隻公貓，牠可能不同意款款生姿這形容，不過當牠用那種模特兒般的身段漫步在圍牆頂端時，還有什麼比這四個字更足以描繪那種既高傲又婀娜的一直線走法！（詹宜蘋）

〔例文二〕

隔壁後陽台關著一隻花斑狗，我看牠算是世界上最孤獨的狗了。

牠有時低聲含糊，有時尖聲哼叫，當然也有痛快狂吠的時候。

低聲含糊是一種哀怨的表達吧！像忘了語言的人，發出呢喃不清的低語，在牠僅有的一方陽台上自說自話；尖聲哼叫像在試探，看看自己和主人之間還有多少談判籌碼，考驗主人的耐力和自己的信心；至於痛快狂吠大概是牠準備豁出去的時候所採取的方式，通常很快就會被喝止，在殘存回聲中，找一個角落躺下，繼續當一條被關在陽台上的寂寞的狗。（商臻宜）

〔簡析〕

兩篇例文，前者寫貓的外形，後者寫狗的叫聲，這類材料是城市生活中最容易發現的。文前均有意旨明確、切中要害的概括說法，第一篇還用引號引出來，很能達成凸顯這類表現手法的目的。其中一篇不分段，一篇分三小段，又各有不同效果。寫狗的這篇第一小段有助於後面主文的氣氛醞釀，把「概括說法」獨立成一段，也可以達成凸顯效果。兩篇仿作在形式上中規中矩，在內容上也頗有可觀之處，看得出平日觀察的功力和文字鍛鍊，也擁有一顆溫柔多情的心。

4、「結構佈局」的仿寫

【題目一】

請仔細閱讀以下範文：

這兒有一張雙人座的沙發；一支簡單的立燈，以及倚在它腳下的小提琴匣。這是我家起居室的一隅，但對我而言它意味著許多事情；代表了一些發生過的情節；如果你願意就眼前的事物聯想下去，它足以讓你概括了你整個的人生——我最近這麼發現的。

先說體積最大的沙發吧，它還是新購的，一種帶綠味的土黃寬條紋，看起來有點舊的意味，這是我容易接納新品的條件——為了不使其他一切因而都變得陳舊不堪。被換下來的那組沙發其實並不算舊，只因為太柔軟了，以致不能久坐——從這兒難免想到自己的老化。

我已不記得那支立燈的來歷，但是在燈下閱讀過的書冊、繪本，一一如在眼前，我尤其不能忍受它聚光的直接和強烈，透過一支小小的像煙囪帽子那樣的鋼罩反光，投照在發亮的書頁上。

至於那支黑匣子的小提琴，許多難忘的映畫更其迅快的閃過，那是某次在上海的旅行中，從福州路（早時的書肆街）買的，因為不認得回旅邸的路，叫了一種由殘疾人專營的帶後座的機踏車，我和旅伴一人一輛，忽前忽後的駛過蘇州河的橋樑，那一種彷彿古遠以前，或者說前世所曾經歷的街景……

所以如我所說，只要你願意，即使室內小小一角，回憶也將帶給你人生的全部。

（雷驤／《逆旅映象·室內》）

1. 分析此文「結構布局」的特色，仿此結構布局，以「……一隅」為題，另作一篇。
2. 「……」必需是室內的場所，如「咖啡廳」、「教室」等等。
3. 文長不限，必需成篇。

〔習作指引〕

1. 根據提示1知道此題主要在仿結構布局，所以分析範文的結構布局成為下筆前的第一要務。這種分析能力得從平日累積而來，無法速成，如果連結構布局是什麼都無法掌握，那就很難下手了。
2. 範文結構分析如下：第一段先陳列出室內要著墨的物件；第二段說明此一室內空間對作者的意義；之後各段針對首段提出的物件一一加以描述，並從中聯想出一些人生感懷或哲理，首段提出幾種，這裡就分出幾段，每一段寫一種物件；結尾一段回到室內一隅的全景，作一個簡潔的總結。
3. 此題，同學最容易犯的毛病是只照顧到題目，忽略了更重要的結構布局，也可以說是因為一般學生獨力分析結構布局的能力有待加强，這幾乎成為面對這類題型普遍的致命傷。平日教學應多讓學生有思考和練習的機會。

〔例文〕

教室一隅

這裡有一片斑駁不平的牆面；一個不知哪一年代學姊留下來的書櫃，以及一排總是處於滴水狀態的拖把。

這是我的教室的一隅。一所擁有五十三年歷史的學校教室的一個角落。看來平凡而不起眼，但在高中的最後一年裡，這角落和我有著種種關聯。

先說這片牆吧！不論是否才剛剛油漆粉刷過，這牆永遠給人斑駁之感，總有要掉不掉的油漆片掛在那兒。大概和一個五十幾歲的女人想用粉餅粉刷逝去的青春一樣的困難吧！十八歲的我總以為時光會永遠停留在這一點，偶爾細看這牆，我就知道我也終將在時間洪流中逐漸斑駁。

再說這來歷不明的書櫃，從我們班換進這間教室它就在了。這書櫃專用來裝各科測驗卷、複習卷、模擬卷，每天，我就在這些考卷叢中和我的青春奮戰。用來裝考卷的櫃子不是該叫「考卷櫃」嗎？只是，有一種櫃子叫「考卷櫃」嗎？書櫃對高三學生是多餘的，誰都知道高三學生根本沒有機會真正讀幾本好書。「書櫃」？「考卷櫃」？這也是我此刻的荒唐吧！

而那排老是滴水的拖把惹來老師最多的嘮叨，為了這事，導師還在班會課親自示範如何擰乾拖把。不知是同學沒有盡力，還是老師的方法不管用，拖把還是經常在一角流躺著眼淚。我常在想，我不也像拖把一樣嗎？任誰努力的擰我、絞我，最終的水分還是得靠我自己去蒸發，有誰可以一把就讓我乾燥？當一支拖把也許還痛快些吧？至少它被允許公然落淚。

這個小小不起眼的老舊教室的一隅，陪伴我走沉重的高三路，但誰知將來在我回憶中，它們不會被一一重新上色？（游貴茹）

〔簡析〕結構佈局模仿得很徹底，段落安排和作用幾乎和原作相同，可以看出作者對題意的掌握很努力。文字內容不脫高中學生的生活經驗，爲了表現哲理和感懷，刻畫的痕跡較明顯，稍嫌做作。

5、「人稱立場」的仿寫

【題目二】

仔細閱讀高行健《靈山》書中的這一段文字：

> 你只能貼住山道旁長滿小樹和灌叢的岩壁，生怕失足跌進路旁一側的深淵裡，越走腿越發軟，全憑手上的樹枝探路。你也不知下一腳是否安穩，猶豫如同這越來越濃厚的黑暗從你心底滋生。你對手中的枴杖也失去信心，想起口袋裡還有個打火機，且不管它能否維持到你走上平坦的正路，好歹能照亮一程。濃重的黑暗之中，打火機那一點火花只照亮這驚慌不已抖動的火苗，你還得用手掌替它擋風。咫尺之外，更豎起一道黑牆，令你疑惑，誘你沒準一步就跨進深淵。你由它被陰風熄滅，像瞎子一樣，全靠手上的那枝樹枝一點點一點點在腳下敲打，哆哆嗦嗦移動腳步，這路走得真提心吊膽。

文中的「你」其實就是敍述者自己，也就是「我」，但用第二人稱寫來別具一種從旁觀察的效果，可以更冷靜、更抽離。請模仿本文採用「你」的人稱立場，寫一段有關自我的心靈或現實生活中的活動。

1.不必定題目。

2.不必成篇。

3.字數不限。

〔習作指引〕

下筆時，只要把原來打算用「我」的地方全都改成用「你」，就會產生這樣的效果了。所以此題在形式的模仿上並不困難，反而是有關自我活動的描摹敍述需要凝聚相當筆力，才能製造一種洞視的感覺，好像把自己當作一個客觀的觀察對象。

〔例文一〕

你看到她了。而她用一種既友善又不太熱烈的眼神回望。你本來以為自己免疫了，沒想到體腔內還是起了一連串的變化：你的心臟開始加速，血液流過的每一根血管似乎都是緊繃的，胃腸全絞縮在一塊兒，下腹隱隱作痛，你口乾舌燥，額頭和手心都沁出細細的冷汗。你處在極度亢奮又似乎喪失知覺的痴傻狀態，這時如果有一輛卡車從你身上輾過，你大概也渾然不覺吧！（吳思傑）

〔例文二〕

你跟在母親的後頭，一路上沉默不語。其實你早高出她一顆頭，你可以輕易看到她頭頂中央的髮旋、幾根白髮、細細的少許頭皮屑。你想起曾和她親密的手牽手，那時是那樣自然而然，你還以為你們會這樣手牽手一輩子呢！也許還說過要和她結婚一類的傻話。看著母親稍顯老態的背影，你想，等她再老一些，而你再堅強一些，就可以扶她一把了。（林家瑋）

〔簡析〕

用「你」來寫「我」是很有趣的練習，在批閱中發現，原本用「我」敘述可能不會很出色的內容，改成用「你」，立刻產生一種靜觀的感覺。例文中兩段文字抓住內心某一時刻的變化或感受，行文細膩，十分引人。

【題目二】

徐志摩的散文常給人一種熱情洋溢的感覺，請仔細閱讀〈我所知道的康橋〉文中的這段文字：

在康橋騎車是一種普遍的技術，婦人、稚子、老翁，一致享受這雙輪舞的快樂。任你選一個方向，任你上一條通道，順著這帶草味的和風，放輪遠去，保管你這半天的逍遙是你性靈的補劑。這道上有的是清蔭與美草，隨地都可以供你休憩。你如愛花，這裡多的是錦繡似的草原。你如愛鳥，這裡多的是巧囀的鳴禽。你如愛兒童，這鄉間到處是可親的稚子。你如愛人情，這裡多的是不嫌遠客的鄉人，你到處可以「掛單」借宿，有酪漿與嫩薯供你飽餐，有奪目的果鮮恣你嚐新。你如愛酒，這鄉間每「望」都為你儲有上好的新釀，黑啤酒太濃，蘋果酒薑酒都是供你解渴潤肺的。……帶一卷書，走十里路，選一塊清靜地，看天，聽鳥，讀書，倦了時，和身在草綿綿處尋夢去——你能想像更適情更適性的消遣嗎？

文中徐志摩大量使用「你」字，彷彿把讀者呼喚到面前，對著讀者滔滔不絕的述說著，這種面對面、近距離的第二人稱書寫立場，使作者和讀者之間距離拉近，關係變親，熱情的感覺油然而生。

1.請模仿本文對讀者採用第二人稱的方式，仿寫一段介紹你的住家附近景觀的文字。

2.題目自訂。

3.字數三百字左右，可以不必成篇。

〔習作指引〕

仿寫這個題目就是要時時呼喚讀者。每呈現一幅景象都別忘記加上「你可以看到……」、「你將聽到……」、「你會發現……」等等這類把讀者呼喚到面前的字眼，如此一來讀者就好像跟在你身邊打轉，你的一言一語都好像專爲他一人而設，距離自然就非常靠近了。當然「你」字的使用也要適可而止，堆疊過多雖不致離題，卻會讓人喘不過氣來，分寸的拿捏正可以考驗文字靈敏度。

㈡內容的仿寫

主要在模仿範文的選材、立意，根據範文的寫作內容，掌握其精神層面的特色，運用自己的創意，用字遣詞不受範文限制，「師其意而不師其詞」。需仔細閱讀分析，讓仿作從範文中帶出一定的視野高度，千萬不可只抓住一個雷同材料就自說自話起來，完全不顧範文的立意風格。這類仿作練習，不但考驗文筆，也考驗鑑賞和分析能力，是仿作中難度較高的。以下列舉例題說明：

【題目二】

仔細閱讀下列文章：

延伸時間

第一次感到科技帶來的生活樂趣，應是小學三年級時爸爸買了第一部手提音響，因為是分期付款，愈顯其珍貴，天天善加利用，爸爸對往日受日本教育的緬懷，從那音響裡流瀉出的日本流行歌和軍歌得到印證。家裡成天瀰漫音樂與歌聲的氣息，特別有種難以言說的愉悅，那段日子也就有一種如風流動的感覺，為生活在南台灣常感受到的枯乾空氣，加了許多潤澤的成分。

音響成品的進步神速，隨身聽一問世，我就利用打工的零錢買了一部，塞著耳機學語言，聽西洋樂曲，養成把音樂架疊在時間之上，讓時間的進行有音樂做為調劑的習慣。後來的音響產品琳瑯滿目，通常一部用了幾年又換過一部，不管怎麼換，書桌上總有一部可以播放音樂的音響，伴我讀書寫作或冥思，尤其住宿在外的日子，住在小小斗室裡，更仰賴音樂安慰。讀書或做點別的勞動時，聽音樂是唯一可以一心二用，又有相乘效果的。

學生時代，住宿總有些生活上的不便利，譬如洗衣，一天總要抽些時間到水槽邊洗衣，遇上陰天，幾天的衣服總是晾不乾，有些同學積了幾天的髒衣服才送洗衣店，我既嫌送洗費時，又不願積了幾天才洗衣，到洗水槽排隊，一羣住宿的女生，往往就站在水槽邊聊天打發枯等的時間。後來有了家，不再在城市裡一個公寓流浪過一個公寓，在固定的住處，一部全自動洗衣機和烘乾機解決了我對時間利用的困擾。小時候常在每個清晨偎在洗衣的母親身邊，幫忙搓洗布鞋或擰乾衣服，大盆裡一家六口的衣物，消磨了一早的時光，她總邊洗邊起身照顧孩子吃早餐準備上學，又要打點自己上班，五點多就起床打理家務的辛勤狀，其實是我早早就知道自己做不到的。

現在洗衣是種樂趣，只要把衣服丟到洗衣槽，旋轉按鈕，就可以去做別的事。那種樂趣是因覺竊取了時間，尤其正當安靜讀書或寫作時，反而喜歡聽到洗衣機馬達旋轉的聲音，在那聲音裡，有一種勞役已被替代的幸福感，而能安然從事手邊的工作。早期婦女將大半生時光耗在家務勞動上，生在今時，應是幸福的吧。可我的需求一向不多，可以不要電腦，不要冷氣，不要汽車，只要音響和洗衣機就心滿意足了。因為擁有這兩樣，都可以在使用的同時，去做別的事，既延伸了時間，又不會造成環保問題。我常常把衣服丟到洗衣機裡，打開音響，在洗衣機馬達的轉動聲和音響流瀉而出的音樂裡，開始一天的桌前工作，同時解決了家務，又享受了讀書寫作的樂趣。雖然科技的快速進步帶來不少環保問題，但個人可以選擇性使用，用在適合自己的地方，確能從中獲益，也讓自己面對生活時，有選擇性一點。

（蔡素芬／《幼獅文藝》五六四期）

請思索這篇文章的意旨，模仿此文選擇一種或一種以上的科技產品，以它為你帶來的好處為題，重新寫作一篇文章，文長不限。

〔習作指引〕

本文意旨在敍說自己從音響和洗衣機中獲得「一心二用」、「勞役被替代」的延伸時間的幸福感。仿作時先思索何種科技產品給自己生活帶來最大好處，再將這好處用一句比較吸引人的話道出，以這句話爲文章命題。內容緊扣題目，不要脫離生活，應以自己的實際經驗爲題材，千萬不要寫成泛論式的論說文，也不要忘了以「我」爲出發點。至於內容的風格筆調倒不必受到範文太大左右，用自己最拿手的文字去表現，感性、知性都無妨，樸質、華采也各有千秋。

〔例文〕

讓愛飛越

在所有科技產品中，電話是我情感的發射台。電話線就像血管輸送養分般傳遞出我的關懷和熱力，當遠方的話機響起清脆的鈴聲，我又再一次飛越好幾個城市，好幾重山嶺，甚至繞到地球的彼端，透過這項文明的產物，空間縮小，距離不再。

我總會抽空給朋友們打通電話，不必長篇大論，也許只是幾句平常問候，就足以讓因空間隔閡可能淡去的情誼得以維繫。因為平時勤於耕耘，收穫自然豐碩，不時也可以接到溫馨問候，讓忙碌平淡的學生生活增添一些絢爛。我們家的人都享受著電話帶來的歡樂，每回電話鈴響，被點名的人頭上瞬間頂著光圈，成為當日的幸運兒。我們不會一講就幾十分鐘，大家都能顧及別人也可能期待電話的心情，所以雖然五個人共用一部電話，卻也能相安無事，大家都得到便利。

也許寫信有著電話無可比擬的功用，電子郵件不必等對方在線上就可以發送，但我還是偏愛電話中那一聲熟悉音調響起的親切感，一聲「喂！」，一切就在此刻連線起來了。

我曾因悲傷在電話中向朋友尋求慰藉，也曾因喜悅在電話中忘形狂笑，更曾透過電話聆聽別人的訴苦，或者即時獻上祝福，不同的情況，不同的聲調，唯一不變的是彼端持聽筒的都是我真心相待的朋友。我們適時且立即的分享彼此，不必等郵差上班，只要一串神奇而無可替代的數字，我們就擁有彼此了。有時因事不能準時回家，撥一通電話，讓爸媽安心，當然媽媽也透過這條熱線，交代我冰箱有什麼美味餐點，即使她人在外頭，我照樣可以飽食媽媽的愛心。有什麼科技產品比這更迷人呢？電鍋電冰箱洗衣機滿足了物質需求，但電話為我牽繫的卻是一個感情世界。讓我的愛飛越起來，到達它想到的地方。（沈婧儀）

〔簡析〕

作者對電話情有獨鍾，以電話傳播關愛為主，用「讓愛飛越」為題，點出電話對作者的意義。全文抒情意味十分濃厚，也不脫現實生活經驗，仿得四平八穩。末段結尾處若能單獨成一段照應主題，在結構上會更清晰些。

【題目二】

請閱讀一篇短文〈玫瑰與荊棘〉：

玫瑰總是讓人想起愛情。

愛像玫瑰，含苞待放時最美，而我們卻期待它怒放時的歡顏；待它開得最燦爛時，全無保留的展露花蕊時，我們只能失望地意會它的凋謝。

樂觀的人看玫瑰，包容它多刺的美。

悲觀的人看玫瑰，見到的是一株荊棘。在玫瑰不開花時，他們總是無情的醜詆它，說它與野草無異。

而玫瑰並不因為有人讚美而美麗，它自有溫柔的毅力，以荊棘的身分忍過寒冬，貯存能量，等待在春天的狂蜂浪蝶前展現它的奇蹟。

（吳淡如／《講義》）

仔細玩味本文，選擇一種本身即具有「兩面相反特質」的事物，就這兩面特質加以探索，從中說出自己的看法。題目自訂，文長三百字左右。

〔習作指引〕

本題最大關鍵在能找出本身具有相反特質的事物，同時能從這相反的兩面中談出自己的見解。不一定要去肯定一面而否定另一面，也可以同時肯定兩者，或同時懷疑兩者，只要能有足以自圓其說的看法就可以了。例如「水」，既柔弱，又威猛，這其中有許多可以思索的意涵；又如「文明」，既爲人類帶來幸福，也爲人類帶來毀滅，從中可以提出不少看法。字數只有三百字左右，應力求精簡，不要輕易把篇幅用在次要的立論上。

【題目三】

所謂精采的文字，除了語言需錘鍊、技巧需講究外，其描繪具體事、物，則鮮明而生動；摹寫抽象情、思，則細膩而雋永；並且往往情景交融、相互烘托。下文選自楊牧〈亭午之鷹〉，雖短短五百字，卻頗能符合這樣的標準，堪稱精致動人。請仔細閱讀、品味，以「窗外」爲題，另寫一篇文章，文長不限。

我把窗簾拉開，簾後還有一層帆布帘子。我隨手抽那繩索，布帘一抖向上衝去，眼前亮了，天光照了進來。

窗外正是中央公園。隆冬落盡葉子的樹林從腳下向遠處伸展，呈現一種介乎枯槁和金黃的光彩，在寂寂停頓中透露無窮生機。公園西東兩條大道上的巨廈連綿起伏而去，俯視那片樹林。天空是灰中帶著微藍的顏色。早晨八點鐘，也許正逢上星期天，你會覺得紐約是死靜的，好像剛經過一場政變，悄悄然甚至還有點不安或恐怖，人們在屋裡等待觀望，不知應該做甚麼，不知道如何處理這一天整整一天的時間。

從十六樓向下望，路上幾乎就是空曠的。紅綠燈還照常閃動。對街有兩座銅像，都是騎者之姿，耀武揚威的樣子，散發著古舊的綠鬱，軍帽和馬蹄構成一種可笑的角度，頡頏均衡。那騎者的長刀下指，我集中精神朝那方向看去，刀尖下兩個男子圍著一個大鐵桶在跳動，桶裡生了一盆多煙的火，大概是昨天的晚報或早報，從垃圾箱裡撿來的。他們將報紙點上火，就站在鐵桶邊取暖，縮著脖子搓手，不時還跳著，並且說話，但我聽不見他們在說甚麼。那火旺燃燒片刻就弱了下來，他們輪流到街邊的垃圾箱裡去掏拿，一疊一疊報紙扔進桶裡，白煙突突冒升，在早晨冰寒的公園一角，銅像騎者的刀尖之下。

早起的鴿子零落地飛來。

鴿子又停在廣場上，毫無聲息。

1. 須點明「時間」與「空間」。
2. 須有具體的景象以及自己的興懷感悟。
3. 不可亦步亦趨模仿原文。
4. 所謂「窗」，可以是任何形式的窗，如天窗、車窗、教室的窗或監獄的鐵窗等等。

〈八十九年度語文表達能力測驗〉

〔習作指引〕

題目已先界定出「精采文字」的必要條件：要錘鍊語言、講究技巧、具體描繪、情思雋永，再以範文具體標示出這樣的文字是何種面貌，讓同學從提示和範文中提煉出這樣的風格情調，然後以「窗外」爲題重新創作。下筆時最容易掌握也是最明顯的部分是「具體描繪」，設想好題材之後，至少應將具體描摹充分掌握，再盡可能的在文字上錘鍊一番，能做到精鍊而準確當然是最好的，若眞能寓情於景，情景交融當然更是上上之作，只是考試時間有限，短短時間是否眞能面面俱到，恐怕連訓練有素的專業人士都未必能百分百達成。但是一定不能忽略的就是「具體描摹」，沒有了這一項，其餘都跟著落空了。畫面的呈現若能顧及遠近、動靜、光線變化等會更加豐富，盡量避免跳出來說道理，這是一般學生最易犯的毛病。

四、結語

仿作對各類不同程度的學生都可提供幫助，程度較差的從模仿中練習掌握文字，至少不至於腦袋空空，胡說八道一番；程度較好的從模仿中開展新意，有時可能有不俗的表現。歷來文人頗多模仿、擬古之作，也有新作更勝前作的情形，可見模仿也有等級之分。至於用仿作來測驗學生語文能力，其中也包含了對文章的分析、歸納、深究、鑑賞等實力的考驗，不單純只是文句上的表現而已，除了自己原有的思想感情，還得要恰當的把別人的精華吸收到自己篇章中，在時間的壓力下，沒有相當的準確度和判斷力不能有出色演出。一個周延的仿作考題，可以測驗出考生的多重能力。

再接再厲・補缺空爲完整

——談「補寫」

一、說明

關於文章作法，古人有所謂的「鳳頭、豬肚、豹尾」之說，亦即文章開頭要引人入勝，正文應充實豐富，結尾宜渾然有力。一般學生寫作時，要全部概括這三者，有時難免顧此失彼、照應不周，但練習「補寫」（或稱「續寫」）這種題型時，只要做到其中一項即可，因此，「補寫」可視作文章寫作的基本練習。

何謂「補寫」？就是把不完整的文章或故事表達完整，使全文脈絡清楚、有頭有尾。這種題型可以補寫開頭、中間部分或結尾，不管是哪一部份，基本要求都是補寫的文字要能與原文銜接流暢，並符合原題的要旨。

八十九年度語文表達能力測驗預試卷一的「壹、創作接龍」，就是散文與新詩的續寫：

閱讀下列文字，回答框線內的問題。

甲、楊牧作品（散文）

一隻鷹曾經來過，然後竟走了，再也沒有蹤影。這發生在去年秋冬之交。

……以散文方式續寫，限三百字以內

乙、瘂弦作品（詩）

我們已經開了船。在黃銅色的
朽或不朽的太陽下，
在根本沒有所謂天使的風中。
海，藍給它自己看。

……以新詩方式續寫，限十～二十行

以上三則文字分別是三位作家某篇作品的開頭，皆具有各種發展的可能性。例如：楊牧作品：「一隻鷹曾經來過……」既可發展成客觀的動物寫作，也可以以鷹喻己，探索內在世界。請你從三則開頭中選定最喜歡的一則，加以揣摩、想像，依其文類（散文或詩）續寫，使它成為一篇完整的作品。注意：不可用作者原作續（默）寫，違者不予計分。

關於甲、散文的補寫，學生思緒可自由遊走在想像及現實之間，或抒發心情，或純粹描摹。材料提供了事件的結果（鷹來過，飛走，不再有蹤影）與時間（秋冬之交），寫作時應「由果推因」回溯事件的發展經過，內容與原文銜接，說明老鷹「為何來、為何走、為何無蹤」，且必須掌握「老鷹是天空霸王」的形象，以凸顯文章的張力。

關於乙、新詩的補寫，由「船開始航行」為出發點。原詩所述，給人感覺即將開展的是一段不被祝福的旅程，補寫的內容不管是延續原詩獨立蒼茫的氛圍，或是來個思路逆轉都無妨。要注意的是，因為補寫的是新詩，除了文句須與原文有關聯外，更不要忽略新詩應有的細膩情味。

續寫：

公立高中八十九學年度第二學期第三次聯合模擬考的非選擇題有一題短文寫作也是文章

下列有三則名言，請仔細玩味，根據你的體會，任擇一則作爲開頭，續寫成一篇兩百字左右的完整短文。

1.英國詩人雪萊說：「冬天到了，春天還會遠嗎？」

2.泰戈爾說：「當你微笑時，世界會愛你。」

3.巴斯德說：「機會只眷顧有準備的心靈。」

三則名言各有不同的指涉，學生寫作時，可將所選擇的名言作爲短文要旨，加以擴充詮釋；亦可以名言爲文章開頭後，另闢蹊徑，拓展文章內涵。前者的做法極近「擴寫」，而這兩種寫法都符合說明的規定。

另外，大考中心研發的學科能力測驗有一題參考試題如下：

文句接寫：請書寫「一段」文字，第一句話必須是「例句一」，最後一句話必須是「例句二」，兩句之間則可自由發揮，但整段文字必須具有完整結構和意義，文長不限。

例句一：是人沒有不想飛的。

例句二：飛。人們原來都是會飛的。

上述「創作接龍」與「文章續寫」是提供開頭，學生接續中間部分與結尾；這一題「文句接寫」則提供開頭與結尾，學生補足中間的部分。本題開頭的句子「是人沒有不想飛的」，說明了人類對飛翔的渴望與夢想，而結尾「飛。人們原來都是會飛的」，傳達人類不會飛行的事實，而原來卻是會飛的，又感嘆了飛行的能力曾經擁有，而今失落。由想飛到會飛到不會飛，其中複雜的轉折過程有待細密的思緒加以鋪展，頗適合學生年輕躍動的靈魂。

△二、教學指南

坊間販售的繪圖練習本，有一種是在每一頁用粗線條畫了一些主要的圖案，精細的部分讓小朋友自行補足，例如畫出了房屋屋頂、牆壁的線條，小朋友自己添加屋瓦、門窗及其他裝飾，然後再著色。將這種繪圖練習改爲以文字表達的作文能力訓練，就很類似「補寫」的題型。

㈠鍛鍊無中生有的能力

就像小朋友不必在全然空白的紙上畫出完整的圖畫，學生練習「補寫」的題型時，也不必造句遣詞、連綴爲一篇完整的文章，只要補寫全文的一部分。和這種題型相仿的是「擴寫」，事實上，陳師滿銘的《作文教學指導》書中就是把「續寫」和「擴寫」同列於非傳統式題型中的「擴充」這一類。嚴格說來，「擴寫」的題型提供了基本的材料，也指定了主題、方向，學生在寫作時，可供依憑的部分較多，原創性較低；而「補寫」雖然也提供了全文的一部分，就算可以按圖索驥，但空白之處還是得「無中生有」，要靠學生的慧心巧思來完成，必須發揮更多的創意和一己的思考。

㈡精細研讀原文和說明

補寫時，內容必須根據規定和原文的體裁、方向、主題或是風格一致、緊密銜接，所以學生應先揣摩原文立意所在、細繹題目、精讀提示，才能利用已有的資料觸發更多采多姿的創造思考力，補足缺空，成爲完整作品。

學生寫作時，除了精細研讀原文外，特別要注意「遊戲規則」，看清楚說明中的限制及規定，如字數、文體、文類、要不要分段……等再下筆，以免不符規定、徒勞無功。

㈢配合課文來進行續寫

學生所研讀的課文，有一些也可作爲續寫的材料。教師在課文講授完畢後，讓學生腦力激盪一下，說不定爲文章所添的蛇足也有可觀者呢！例如徐志摩〈我所知道的康橋〉有一段文字留了個空白，不妨讓學生動腦補寫：

> 那是一次臨著一大片望不到頭的草原，滿開著艷紅的罌粟，在青草裡亭亭的像是萬盞的金燈，陽光從褐色雲裡斜著過來，幻成一種異樣的紫色，透明似的，不可逼視。剎那間，在我迷眩了的視覺中，這草田變成了……，不說也罷，說來你們也是不信的！

這一段文字，徐志摩想像入神，卻又故意賣關子，不說他到底想像到什麼，這一個謎團很令讀者費解。習作時，請學生發揮創意，試著想像草田變成了什麼。

高中課文〈桃花源記〉一向受到學生歡迎，這篇文章也可讓學生續寫，任由他們的想像力飛馳到任一時空：

> （前略）停數日，辭去。此中人語云：「不足為外人道也。」既出，得其船，

……

漁人有沒有可能決定不再回武陵去了？還是帶著別人，再度造訪桃花源？或者是……？種種的可能有待完成。學生可從「得其船」之後續寫，結果須與原文不同，文言白話不拘。

這樣的設計可以刺激學生的思考與表達能力，既能深化課文內涵，將古今人事與自我思考作出相對的聯想與照應，又可練習寫作，鍛鍊語文表達能力，可說是一舉兩得。

三、分類

(一)故事補寫

這一類的題目具有強烈的故事性，寫作時，想像力是不可或缺的質素，但如果原文的題材來自普通的生活情境，補寫的內容就要掌握合理的尺度，而避免太過超現實的情節設計，以免與原文無法對應。

【題目二】

請先閱讀下列文字，再根據文末的說明寫作。

小新回到家，看見自己的一隻白球鞋已經洗得乾乾淨淨晾在後陽台，但另一隻鞋媽媽沒有洗。

……

第三天，球鞋曬乾了，小新穿著一雙乾乾淨淨的白球鞋上學去了。

想想看，爲什麼媽媽只洗了一隻鞋？請根據所提供的開頭和結尾，補寫中間的內容。補寫的部分要與所提供的開頭、結尾銜接得上，字數限於二百字至三百字之間。

〈大陸高考試題〉

〔習作指引〕

依據末段的材料，「小新穿著一雙乾淨的白球鞋上學」，顯然小新並非只有一隻腳，而爲什麼媽媽只洗了一隻鞋，其間的過程頗耐尋味，寫作時必須做出符合情理的設想。這是很生活化的情節，學生構思之際，發揮創意固然能讓人耳目一新，但不宜有讓人匪夷所思的想像。

〔例文一〕

小新看到這種情形，十分生氣地跑回房間，一邊嘟嚷：「媽媽討厭！」一邊用力把房門關上，他心想：媽媽根本是故意的，明知道我不會洗鞋子，卻只洗一隻，想逼我非自己洗不可，分明是整我嘛！小新越來越氣，加油添醋地回想一些不愉快的往事，越想就越難過……。

後來他決定去洗個澡，進了浴室，扭開水龍頭，「斯——」只有一滴水珠落在洗手槽裡。這才想起前幾天在樓梯間看到的告示「×月×日停水」，不就是今天嗎？想必媽媽也忘了，鞋子洗了一隻，才發現已經沒水了。

恢復供水後，媽媽教小新把另一隻鞋洗乾淨。（陳建文）

〔例文二〕

小新氣沖沖地跟媽媽抱怨：「媽，你只洗一隻鞋，叫我怎麼穿出門呀？」

媽媽不急不徐地說：「我鞋子洗完一隻時，正好隔壁王媽媽打電話來，我就去接電話，講完電話就不想再洗了。」

小新：「你怎麼可以事情只做一半呢？」

媽媽看了他一眼，拉開抽屜，拿出一疊作品：有畫了一半的水彩畫、寫了一半的書法、拼了一半的拼圖、做了一半的勞作、完成一半的模型……。她接著說：「你做事不都是這樣虎頭蛇尾的嗎？一本新書看一半就不看了，事情做完一半就停止，飯也常常吃一半就不吃了，還有……」

小新仔細想想，的確像媽媽說的，他常常留下來一堆爛攤子交給媽媽收拾善後。他覺得很不好意思，於是自己洗了另一隻鞋，也決定洗掉這個壞習慣。（林郁廷）

〔簡析〕

有的學生寫媽媽「生氣了」、「故意的」、「太忙了」、「爲了看電視（或臨時有事）而忘記洗」、「沒時間洗完」、「找不到另一隻鞋」，甚至是「洗完一隻鞋就病倒了」，大多學生的思考是「媽媽爲了教小新怎麼洗球鞋（或是讓小新學習獨立），所以只幫他洗了一隻，另一隻鞋留給他自己洗」，這些情節雖然絕非不可能，但總是不太符合現實常理，相形之下，這兩篇例文就顯得不落俗套。

爲什麼媽媽只洗了一隻鞋？例文一的設計是「停水」，很有創意，但並不突兀；例文二的構思是媽媽「以其人之道，還治其人之身」，用這個方法來教導孩子，可眞是用心良苦。

【題目二】

請先閱讀下列文字，再依據文末的說明寫作。

春雨瀟瀟，路燈朦朧。我獨自站在候車亭下避雨。

「匡噹」一聲，一個穿運動鞋的小朋友，把丟棄在路旁的一個大玻璃罐當作足球盤帶著，這一腳蹚大了勁，玻璃罐滾到候車亭前，裂成了好幾瓣，流出了一灘黑糊糊的東西。

「玩也不看地方，玩出這損人的事。」我心裏暗暗責備他。他大概也沒想到這樣的後果，吃驚地看看自己的「傑作」，低著頭走了。

雨大了。一輛自行車急馳而來，後輪軋上碎玻璃，「噗哧」，全癟了。從車上跳下一位穿紅雨衣的女孩，嘴裡嘟囔著「大家都沾點光吧」，順腳朝玻璃罐底一踢，玻璃更碎更散了。「紅雨衣」抬頭發現我在搖頭，可能也意識到自己做得不妥，趕緊用鞋把大塊的玻璃片掃攏到一旁，然後才推著自行車匆匆離開。

雨小了。一對撐傘的男女挨著呢喃著走過來，高跟鞋偏偏踩到攏在一旁的碎玻璃上，腳一滑，漂亮的鞋子沾上了黑糊糊的東西：「唉，真缺德，中國人的公德心呀……」

「當心牢騷太多長白頭髮。」那男的一邊為她擦鞋子一邊笑著說。

傘下的一對低聲說著話漸漸遠去，我不知道他們是不是還在談論著剛才的話題。

但是，「高跟鞋」的那句話卻彷彿刺了我一下。君子動口不如動手。雨停了，我回家拿了掃帚和鏟子，又回到原地一看，碎玻璃已被打掃得乾乾淨淨，不留意連那攤黑糊糊的痕跡也看不出來了。我開始是發楞，隨後才恍然大悟：「運動鞋」、「紅雨衣」和傘下的一對，他們都有可能回來。那麼，到底是他們之中的誰清理了這個地方呢？

請根據所提供的材料加以設想，寫一篇記敘文，記敘他們之中的誰又怎樣回來清理這個地方。

1.選寫「運動鞋」、「紅雨衣」和傘下的一對都可以。

2.推想要合理，符合材料所設置的情境和人物的思想性格。

3. 符合記敍文的基本要求，突出人物的心理行爲和事件的經過。

4.「我」不再出現，用第三人稱寫。

〈大陸高考試題〉

〔習作指引〕

本題的設計與一般的「補寫」不太相同，並非要求學生直接將自己的文字補在開頭或接續在文中、文末，而是另寫一篇記敍文，不過，內容是由原文的情境延伸出來的，所以將之歸入「補寫」這一類題型。

學生習作的內容不必講究與上下文的銜接順暢，只要掌握原文提供的情節、氣氛，並且配合規定的事項即可。根據原文，看不出「運動鞋」、「紅雨衣」或傘下的一對會回來清掃，而他們其中之一確實清理了這個地方，造成行爲轉變的關鍵何在？需要花心思安排，寫作時，除了對人物外在行爲的描繪，若能兼及內心思維的捕捉，會製造出更好的效果。

〔例文一〕

四散的玻璃片和黑糊糊的髒東西占據在地面上。幾個行人經過，注意著腳下的鞋，遠遠地繞過它。

穿運動鞋的小朋友回來了，頭低著，眼皮垂著，臉紅著，帶著些許尷尬。拿著掃帚和鏟子的手斷斷續續地變換姿勢，好像什麼東西燙著他的手，候車亭裡的人冷眼看著，有的漫不經心地轉過頭去，有的目光銳利、直瞪著他瞧，小男孩更覺得窘迫，杵在碎玻璃邊，顯得手足無措。他在猶豫要不要動作，也許是心虛，又擔心真的掃了，大家就會知道是他幹的好事，還很不甘心自己一身帥氣的打扮卻要做這丟臉的事，所以即使已經拿來掃帚，也還躊躇不前、四處觀望。

這個時候，一位拄著枴杖的老婆婆微笑地走向小男孩，大聲地說：「小朋友，你來幫忙清理乾淨是不是？真有公德心啊！」小男孩露出了笑容，高興地點點頭，開始用心打掃起來……（張寧靜）

〔例文二〕

踢破了玻璃罐的「運動鞋」懷著忐忑不安的心情，一溜煙地跑回家。進了家門，看到餐桌上的蛋糕，高興地打開電視，邊看邊吃，本來高懸在心中的那個破玻璃罐早就忘得一乾二淨。

「砰！」門開了，穿著紅雨衣的大姊走了進來，嘴裡低低咒罵著：「不知哪個缺德鬼，弄了一地的碎玻璃，害我車胎爆掉，還有一堆不知是什麼的髒東西，噁心死了。」說著，進了房門，拿了錢包又走出來，說：「我去修車，一會兒就回來。」

「運動鞋」眼睛瞪著螢幕，手上的叉子有一搭沒一搭地拌著。看看有些稀爛的蛋糕，他放下盤子，轉身從廚房拿了掃帚和鏟子，打開大門走出去。

雨，已經停了。（張瑜芳）

〔例文三〕

穿運動鞋的小朋友嘴巴張得大大的，露出錯愕的表情，望著地上那一灘黑糊糊的東西，他立即意識到自己闖禍了，但又不知如何是好，便轉身，加快腳步急忙離開。或許因為有些罪惡感，他的心「噗通噗通」跳個不停，他想趕快逃回家中，就跑了起來。

就在他被罪惡感的不安所盤據時，就在他邁開腳步狂奔時，他狠狠跌了一跤！看著地上那害他跌跤的香蕉皮，不禁咒罵了幾句，剎那間，一個想法油然而生：會不會有人也因為我剛剛的「傑作」而跌倒呢？不顧痛得很的屁股，他將香蕉皮丟到垃圾桶裡，再回到家拿了掃帚和鏟子，回到「肇事」現場把那一灘黑污和玻璃碎片清理乾淨。

打掃完了，他吹著口哨離去。先前候車亭那一地的骯髒污穢就像他的不安一樣，

通通不見了。（鄭惠東）

〔簡析〕

三篇例文都是安排穿運動鞋的小男孩將現場清理乾淨。

例文一沒有交代小男孩之所以回到現場並加以清理的原因，重點在描述他心理的不安和掙扎，與其外在的行爲表現頗爲切合，這一部份的描述很成功。此外，老婆婆的贊許賦予本文一個溫暖的結局，是出色之處。

例文二安排「紅雨衣」和「運動鞋」是姊弟，有出人意表的效果，弟弟的無心之失殃及姊姊，所以自動自發去收拾，情節設計很合理。

例文三以踩到香蕉皮跌跤爲關鍵處，所以小朋友從闖禍逃逸到反省過錯、勇於改正，這個關鍵設計得自然而不牽强，如此安排凸顯了人性的光明面，值得喝采。

【題目三】

下文描述一個大家都不陌生的情境，縱然文中有部分缺空之處，應該還是能掌握完整的文意。若將缺空處加以擴寫補足，那麼文章會更精采可觀。請先閱讀，再依據文末的提示寫作。

新的學年度開始，小陳到了新班級，發現一個同學都不認識，很是鬱卒。而最看不順眼的就是鄰座小王了，因為小王（①），小陳心裡煩死了，（②），所以每節下課總是迫不及待離開座位，對小王來個眼不見為淨。小王呢，當然也不甩小陳，兩個人簡直就是「相看兩討厭」！

沒想到，有一次小王卻主動對急得像熱鍋上的螞蟻的小陳伸出援手，事情是這樣的——（③），小陳才知道原來小王是個外熱內冷的人。

小陳為自己的偏見感到抱歉，他覺得（④）。從此，小陳不再以第一印象來評斷別人，他學會多觀察、多相處，以求更深入了解別人。

1.（①）請描述小王的作爲，何以會讓小陳看不順眼？
2.（②）請具體刻畫小陳「煩死了」的心理狀態。
3.（③）請說明發生了什麼事，而讓小陳改變自己的主觀看法。
4.（④）當小陳爲自己誤解小王感到抱歉時，他的感覺爲何？
5.上述四個缺空的部分，請各以三十到五十字的篇幅擴寫補足。

〔習作指引〕

這是屬於填充式的補寫，學生必須根據上下文意，補足缺空處。

（①）的部分，學生可以就個人經驗描述小王的作爲，當然必須是讓人看不順眼的，但也要注意，後文描述小王個性「外熱內冷」，此處的敍述，應該把握他的形象，要做到前後統一。

（②）可用譬喻或著描摹刻畫小陳「煩死了」的心理狀態，而這種「煩」是由於看不順眼小王的行徑所引發的。

（③）要發揮想像力，描述小陳和小王兩人的互動，發生什麼事呢？小王如何對急得像熱鍋上的螞蟻的小陳伸出援手呢？情節必須合理。

（④）要具體刻畫出因對人誤解而感到抱歉的心理狀態，夾雜了慚愧、羞赧、後悔、感謝等等滋味。

這種形式的補寫，學生僅需就局部加以發揮，無須關照全體，可視作基本的練習模式。

㈡議論說明

這一類題型其實與傳統作文中的論說文無異，只不過傳統的論說文要經營完整篇章，議論說明類的補寫題型只要依據主旨，接續部分文字。這一類題型通常已經提供明確的主旨，學生寫作時，只需據以闡發申論，在建構內容上費心。

【題目二】

請先閱讀下列文字，再根據文末的說明寫作。

身體值多少錢呢？美國化學及土壤局針對人體所含化學元素和礦物成分做了一份報告，統計出人身上共有：六五％的氧、一八％的碳、一〇％的氫、三％的氮、一·五％的鈣、一％的磷、〇·三五％的鉀、〇·二五％的硫、〇·一五％的鈾和氯、〇·〇五％的鎂，加上極微量的氟、錳、鋅、銅、鋁等，全部加起來還不到一美元呢！

另外，東京的帝國營養研究所以薄紙貼滿人身，再剪成小塊測量，斟酌不同個體的身高、體重、三圍等因素，計算出人體皮膚面積總平均是十四到十八平方英呎，按牛皮售價來算，價值二·五美元。

依照美國計算人體的元素總價，加上日本計算的皮膚總價，人體總共價值三·五美元。

這篇報導想必能引發你的思考和感懷，人果眞這麼不值錢嗎？那麼，人類生存的意義何在？你認爲人的價值應該如何衡量？以這段短文爲開端，接下來的議論會有種種發展的可能。下列有兩個短句，概括了上述報導的意旨（人體估價不到五美元），連接詞（雖然……但是、因爲……所以）不同，補寫的文字應該也不同。現在請選擇其中一句，保留開頭原文，以二百～三百字的篇幅鋪寫一段文章。

1.人體估價，雖然不到五美元，但是……

2.人體估價，因爲不到五美元，所以……

〔習作指引〕

「雖然……但是」、「因爲……所以」，不同的連接詞，決定了文章不同的發展方向。選擇前者，代表不贊成以金錢對人體進行估價，認定人體的價值絕對超過五美元，所以接續的內容是反駁、否定「人體估價不到五美元」之說；選擇後者，意味認同人體的確不值錢。文章的內涵爲何？端視學生的立論觀點，重要的是不能選錯連接詞，以免文氣不通、表意錯誤。

✽一、人體估價，雖然不到五美元，但是……

〔例文一〕

人體估價，雖然不到五美元，但是為何大家常說「生命無價」呢？因為，人真正可貴之處在於思想，而不是外在的肉體，笛卡兒所說的「我思，故我在」，正為人類的存在寫下最好的註腳。就像一本書將油墨印製在紙張上，價格可能不到新台幣五元，我們花了一兩百元買下，而真正值錢的是文章涵蘊了作者的心血結晶與智慧經驗，這是無價的。人類創建了偉大文明而有別於其他生物，所以我們不可以用外在形軀來衡量一個人的價值，更不可以利用化學元素和牛皮的售價來計算人的思想智慧，因為這些是無價的。（楊爲安）

〔例文二〕

人體估價，雖然不到五美元，但是我們之所以被稱為「人」，正是因為我們在地球上所占的質量遠超過計算所得來的。美元也好，新台幣也好，它們不過是人類發展出的一種交易與衡量價值的工具，它們可以客觀地陳述事實，卻無法主觀地判別出人存在的意義。我們會在暗夜來襲之際，湧出無以名狀的寂寞感；我們會在他人受苦時，伸出友誼的臂膀；我們會樂觀地自忖，我之所以為我，正因為我與眾不同；我們會充滿信心地告訴別人，你之所以存在，正因為日出後，你的影子又融入一片光明之中。

如果要問我對人的價值的看法，我會毫不遲疑地說：「我們是一種既複雜又難以概括的靈魂性動物，無從計算。」（曾逸羣）

✽二、人體估價，因為不到五美元，所以……

〔例文一〕

人體的估價，因為不到五美元，所以我們要善待自己，不要動不動就熬夜，引了壞習慣進入生活中，讓它竊取、破壞我們不到五美元的身體。我們要多嘗試新事物，不要退縮，更要勇於追求理想，讓自己這三．五美元的身價發揮更大的經濟效益。天有不測風雲，我們不知道是否可以永遠保有自己的身軀，因此要懂得珍惜、懂得運用，否則平白擁有的這三．五美元會不斷貶值。

這三．五美元也許不多，但卻是唯一的，用完了就沒有了。我們別管三．五美元是不是太少或不夠用，也不必一直在意自己目前身價為何，應該好好把握自己目前所擁有的，以這三．五美元為基金，開創出更高的價值。（林宛儒）

〔例文二〕

人體估價，因為不到五美元，所以沒有人有權利侵犯掠奪其他生命。在廣大的地球生態圈中，每一個人的生命都渺小如滄海一粟，人類的總數量雖不算少數，但也不是最多，人類引以自豪的這一具臭皮囊其實是那麼廉價，加上對大自然的貢獻可說是微不足道，實在不應該自我膨脹認定是「萬物之靈」，那只是人類一廂情願的想法，為了抬高身價而對自己撒的一個謊言。

人類在地球中沒有什麼特別的價值，但卻恣意破壞了地球的大部分，所以應該好好檢討反省。人並不是大自然的主宰者，卻妄想控制全宇宙，這是很愚蠢的，得知人體估價不過是如此區區的小數目，人類應該懂得自我節制了。（高宏碩）

〔簡析〕

大多數學生所寫的是「人體估價，雖然不到五美元，但是……」，從中肯定不能以化學元素與皮膚的價格來衡量人存在的價值，想法相近，旨意雷同，並不容易有突出的表現。此處，兩個觀點各選取兩篇例文為代表。第一個觀點「人體估價，雖然不到五美元，但是……」的例文一是典型的思考，以人有思想來駁斥人體估價的不值錢，特別是以書籍為例說明，紙張和油墨不值錢，但印製成書後價格提升，書中傳達的智慧結晶更是難以計數，可見人是無價的，具有說服力。

例文二具體描述人各種感覺的那一段文字很精采，足以證明內在靈魂的複雜精密，不是可以量化計算的。融合理性的思維和感性的筆觸，能降低議論說理的嚴肅呆板。

第二個觀點「人體估價，因爲不到五美元，所以……」的例文一承認人體不值錢，但只要懂得運用，就不枉此生，旨在說明人必須珍惜所有、發揮所長，充滿向上進取的心志，值得讚許。

例文三從人與自然的關係出發，由人體不值錢說明人對地球甚無貢獻，不該恣意破壞環境生態，要懂得節制。本文提出人類該有的自省角度，觀點不錯。

【題目二】

請先閱讀下列文字，再根據文末的說明寫作。

看電視減少兒童的想像力，因為……

看幾分鐘電視，腦電波的反應與在知覺隔絕的環境九十六小時的人一樣。看電視時，腦波是 α wave，比平常的 β wave慢，左腦尤其沒有反應，只有右腦接收畫面和情感的信息。左腦具有思考判斷和分析的功能，看電視時關閉，難怪廣告商人利用這個弱點來推銷產品，因為它不必理性地說明，只要藉著生動的畫面和簡短的句子來吸引人，大人小孩都會像被催眠一樣產生購買慾。

電視的螢光每秒閃動五十至六十次，超過我們神經系統所能跟上的每秒二十次，同時因光線是直射光，不同於我們所習慣的反射光，眼睛自然停止反應，眼球是在靜止狀態，視力完全靠眼球的頻動來調整焦距，因此會造成視力衰退。而不僅視力，其他感官也休止。

德國某些醫院已有專門治療被電視傷害的兒童部門，一般父母不會想到孩子的睡眠不安、消化不良、心臟跳動不規律、情緒暴躁、疲倦、做事玩耍容易厭倦、吸毒飲酒、硬心腸、學習困難、手腳不靈活、注意力不集中等，其實都是過度看電視造成的。

這不是聳人聽聞，如果發現電視對我們已經造成某些影響，就必須正視，且加以解決。

電視普及每個家庭，影響深遠，而負面的評價必須加以正視。引文就是以此為立論基礎，從不同的重點分別提出看電視造成的弊端，二、三段分別說明看電視對腦波及視力和其他感官的傷害，第四段提出事實，第五段總結全文。而本文第一段的重點是「看電視減少兒童的想像力」，現請就此中心主旨加以說明、闡發，仿照二、三段的筆法將本段完成，字數在一五〇字至二〇〇字之間。

〔習作指引〕

這個習作題目已經明確規定了寫作的主旨，學生要做的是具體呈現，說明爲什麼「看電視減少兒童的想像力」。取材內容非常生活化，不論是以眞實的現象爲例，或從學理研究來論說，都是可採行的應答之道。

〔例文一〕

看電視減少兒童的想像力，為了看電視，兒童勢必縮短親身接觸周圍環境、和別人溝通交流的時間，所以沒有足夠的時間藉由與環境的互動來獲得對生活的新體驗，而各種生活的體驗，如親眼觀看牛馬進食走動、親耳聆聽雷鳴雨瀉、親口和別人交談、親手觸摸泥土溪流和樹葉，都有助於自我對事物的聯想。而電視節目多屬無意義之娛樂性質，就算具有教育價值，又比不上親身體驗所得，所以兒童的想像力就越來越貧乏。（孫振科）

〔例文二〕

看電視減少兒童的想像力，因為音聲影像及既定模式灌進他們的腦海中，使他們沒有思考的空間及想像的必要，當下的反應是全盤接受。不像閱讀是藉由文字傳達，書中主角的長相可因故事情節的轉變自行在心中拆卸、重組，內容情境的具體化更容許有天馬行空的思維馳騁。多思考，才能使心智成長，而多閱讀，對思考力與想像力有所助益，看電視只有接收，扼殺了天賦潛能，這著實是必須正視的課題。（王盈捷）

〔簡析〕

例文一提出很好的觀點，說明兒童看電視「缺乏各種親身接觸的感官經驗，導致想像力的貧乏」，其中具體羅列「眼觀、耳聽、口談、手觸」等體驗，具客觀、有效的說服力。例文二以看電視和閱讀書籍對比，由閱讀對想像力的助益，來凸顯看電視對想像力的扼殺。

㈢抒情記敘

這一類題目是典型的補寫，包含了新詩補寫和散文補寫，較常見的文章性質是記敘和抒情。全文留下一部分空白，由學生構思填滿，所運用的寫作能力和傳統作文幾乎相同。

【題目二】

我願

我願是……

……

如果你是……

我願是……

不願是……

……

在……的日子裡

我們……

1.此處提供了一首詩其中六句的開頭，詩題是〈我願〉，詩旨是表明願意深情無悔的付出。若以結構分析，可將八句視作起、承、轉、合四部分，每一部份各有兩句，寫作時必須使用譬喻的修辭格。

2.請注意承上啓下，以求全詩脈落順暢。

〔習作指引〕

這個題目可供個人獨自完成；也可由一組四人共同合作，作法是第一位先寫第一句，接著由第二位寫二、三句，第三位寫四、五句，第四位寫六、七句，再交給第一位寫完第八句，每一個人的思路都要承接上一位同學的句子，再引發進一步的聯想，習作時極富趣味，也是充滿腦力激盪的集體創作。

〔例文一〕

我願是深情無邊的海洋
以全部的湛藍擁抱你
如果你是張帆的船
我願是輕輕吹動的風浪
不願做天上不羈的雲
沒有牽掛，但也沒有甜蜜
在好風為媒的日子裡
我們的依偎因波濤的合奏而永恆

〔例文二〕

我願是巢
讓你棲息
如果你是展翅欲飛的白鳥
我願是實現你夢想的翼
不願做限制你自由的牢籠
將你完全的佔有
在無數翺翔的日子裡
我們的蹤跡踏遍天涯海角

〔例文三〕

我願是未知的染色體
架構出你生命的點滴
如果你是新生的希望
我願是孕育你的子宮
不願做在肚皮外淨數時間的鐘

苦苦等待那一剎那的紅流
在懷胎十月的日子裡
我們心血相連，聆聽著幸福的脈搏

〔例文四〕

我願是那八顆衛星
以不斷的週期圍繞著你
如果你是蔚藍的海王星
我願是那三道碎石環
不願做宇宙中的塵土
沒有目的地漂流
在循環軌道的日子裡
我們因引力而緊密結合

〔例文五〕

我願是HIV的感染者

以毫無抵抗的姿態迎接你
如果你是潛溶性噬菌體
我願是你的寄主
不願做未受感染的細胞
甘心與你共存亡
在維持賓主關係的日子裡
我們一起遊戲人間

〔例文六〕

我願是急速奔馳的快艇
在你心中畫起一道漣漪
如果你是沈睡的冰山
我願是撞醒你的「鐵達尼」
不願做一艘深海的潛艇
潛伏在幽暗的世界裡
在徜徉於大海的日子裡

我們的心藉由水的波動而聯繫

〔例文七〕

我願是樂譜裡跳動的音符
以輕柔的旋律圍繞你
如果你是動人心弦的古箏
我願是與你共振的空氣
不願做出軌的高音
沒有束縛，卻刺耳
在琴瑟和鳴的樂聲中
我們的合奏因節點的契合而不朽

〔簡析〕

上述七則新詩有個人獨創（第一、二首），也有「團體接力作文」，後者的可取之處是每個人所寫的內涵都能承接前一位同學的文句，在統一的背景中鋪敍不同的意象，達到全詩渾然一體的效果。部分作品爲自然組同學的創作，將所學的知識範疇與專有名詞融入作品中，如第三首描寫「生產」、第四首敘述「天文」、第五首刻畫「病毒」、第七首摹繪「音樂」，別有一番知性的趣味。當然，有待改進的共同缺點是新詩的情致意味不顯，有點像分行的散文，必須力求更細膩精緻的呈現。

【題目二】

以下是王書川〈時間的感覺〉文中的一段文字。現在，題目不變，首段已經列出，但後續卻有無限發展的可能。請你在揣摩首段的文字之後，將個人的經歷融入，依不同的成長階段、不同的遭遇，繼續鋪寫你對時間的感覺，使之成為一篇結構完整的散文，字數以四百字左右為限。

當我童年的時候，時間在我幼稚的心上，像是長了翅膀的蝴蝶，牠撲翅飛息在我睡眠的眼上，陽光是美的，風兒是溫柔的，世界是一個樂園，有些不知和需要探測的奧祕在逗誘著。時間給我的感覺是太慢和太長。

〈台北區公立高中八十九學年度第一學期第二次模擬考〉

〔習作指引〕

等待的時候，我們會覺得時間過得好慢；而快樂的時光，總感到瞬間即逝。小時候的過年、生日好不容易才到來，覺得時間過得好慢；長大後，常常驚覺怎麼又老了一歲，感嘆時間過得好快。的確，每個人對時間的感覺，會因不同的成長階段、不同的遭遇而有差異。就像愛因斯坦的說法：「當你坐在火爐上，覺得一分鐘像一小時那麼漫長；但若是你和朋友在沙發上愉快的談天，就會覺得一小時像一分鐘那麼快速溜走。」

學生習作時，可融入個人的實際經歷，揣摩當時的心態，表達出對時間不同的感覺。而這些零散的片段要組織成結構完整的篇章，具有關鍵性影響力的段落是結尾，結尾寫得好，全文就能串聯爲一體。

【題目三】

請仔細閱讀以下文字，然後依文末的說明寫作。

兩冊巨著

併列榻上，將呈一番

頡頏的美

……

以上是鄭愁予〈松生藍菱書齋留宿〉詩中的開頭三句，具有種種後續發展的可能性。

請發揮想像，延展思維，提供心得，補寫十二～二十行的新詩，但不得使用原詩的文句。

〔習作指引〕

任何讀過的經、史、子、集，或者世界名作，不論古典、新潮，只要能夠發人深省，提供寶貴知識，貢獻人生智慧、美感經驗的書籍，都可以是人們心目中的「巨著」；甚至併列榻上的人物、物體，也可比擬成引人遐思的「巨著」。因爲接寫的是新詩，格外要留心意象的經營與美感的形式，把握新詩的味道。

四、結語 △

運動會中，大隊接力常是重頭戲之一。一根棒子由第一位跑者傳到第二位跑者的手中，再傳給第三位、第四位跑者……，每個人都奮力向前，目標一致。這種精神運用在作文中，很像補寫類型中的「提供開頭，續寫中間及結尾」，作文當然也能接力完成，以集體創作的方式共同完成一篇文章，或者由個人進行接力作文，老師提供一段材料讓學生接續補足，學生也能自行找一篇現成作品，擇其部分，完成終篇。

前仆後繼，再接再厲，是每一位大隊接力的跑者需要的精神；細心琢磨原文與說明，從而引發出自己的創造力，則是練習「補寫」作文時不可或缺的步驟。把不完整的部分補滿，在有限的空白中揮灑出亮麗的色彩，「補寫」的作文題型其實是教師加強學生作文能力的法寶之一。

改頭換面・造型設計DIY

——談「改寫」

一、說明

所謂改寫型的命題方式，指的是提供一篇文章或一段文字，讓學生就其形式、內容或者主題作些更動，使之改寫成另一篇相關但不相同的作品。在學生深入理解原作主題思想、文章形式之後，發揮改寫者的想像力，造成「再創造」效果。比如：將部分詞句改寫、或將某些修辭改寫、或改變敘述方式、或改變文章語言等等皆屬此類。

在古今中外的文學作品中，即常可見得到各類改寫的佳篇，如以下兩類便是：

(一)改變形式

徐志摩是一名不斷做域外詩體輸入和試驗的作家，他譯自英國詩人ChristinaGeorginaRrssetti的作品〈When I am Dead, My Dearest〉，文字的清新與意念的展現，甚至令喜愛文學的人愛眷得渾然忘卻那是一則譯品。

When I am dead, my dearest,
Sing no sad songs for me;
Plant thou no roses at my dead,
Nor shady cypress tree;
Be the green grass above me
With showers and dewdrops wet;
And if thou wilt, remember,
And If thou wilt, forget.

I shall not see the shadows.
I shall not feel the rain;
I shall not near the nightingale
Sing on as if in pain;

And dreaming through the twilight
That doth not rise nor set,
Haply I may remember,
And haply may forget.

徐志摩中譯爲：

歌

我死了的時候，親愛的
別為我唱悲傷的歌
我墳上不必安插薔薇
也無須濃蔭的柏樹
讓蓋著我的青青的草
淋著雨也沾著露珠
假如你願意，請記得我
要是你甘心忘了我

我再不見地面的青蔭
覺不到雨露的甜蜜
再聽不見夜鶯的歌喉
在黑夜裡傾吐悲啼
在悠久的昏暮中迷惘
陽光不升起，也不消翳
我也許，也許我還記得你，
我也許忘記

另外，一般習慣使用「一沙一世界，一花一天堂」的語句，其實也是豐子愷譯自英國詩人布萊克的作品。

To see a world in a grain of sand,
And a Heaven in a wild flower;
Hold infinity in the palm of your hand,
And eternity in an hour

豐子愷中譯爲：

一粒沙裡見世界，
一朵花裡見天國；
手掌裡盛住無限，
一剎那便是永劫。

㈡改變主題

同樣以牛郎織女的傳說入文的作品中，古詩〈迢迢牽牛星〉與秦觀的〈鵲橋仙〉二篇，分別寫著：

迢迢牽牛星，皎皎河漢女。纖纖握素手，札札弄機杼。終日不成章，泣涕零如雨。
河漢清且淺，相去復幾許，盈盈一水間，脈脈不得語。

纖雲弄巧，飛星傳恨，銀漢迢迢暗度。金風玉露一相逢，便勝卻人間無數。
柔情似水，佳期如夢，思顧鵲橋歸路。兩情若是久長時，又豈在朝朝暮暮。

古詩以「分離的哀怨」歌頌這場悲劇，而秦觀則改以「剎那見永恒」另拓新境。秦觀將古詩詩篇中强調「月月年年錐心的相思」，化解成爲懂得珍惜片刻相聚的依戀與欣慰，也難怪「兩情若是久長時，又豈在朝朝暮暮」，千古傳頌於眞情人士之口耳。

二、教學指南

改寫既是以某篇現成作品加工而成，學生的閱讀能力便在測驗的考量之列；同時，學生的思維是否成熟、聯想能力是否豐富、想像能力能否脫除舊窠，皆是再創作的重要原素。因而，此類文章，的確是一種能夠多方位呈現學生語文表達能力的作文類型。

這類命題方式既提供了學生可以依據的題材資料，藉以激發學生的想像與創作力。因而，一般而論，除了「說明」中指定「改變主題思想」的題型之外，題目所提供的素材「主題思想」便不得隨意更動，這是這種題目受限制的部分，學生在進行習作之時，必須在命題時特加强調。

同時，必須注意即使經過改寫之後，仍必須具有一個完整的結構。若以支離破碎的思維呈現，改寫必然也不能完整成篇，這是學生在習作之時，可能犯的毛病，也必須在命題之時，詳加說明。

改寫大致可分爲形式、內容與主題三部分。形式上的改寫，可以由體裁、作法、人稱三方面更改；內容上的改寫則可以將順敍改倒敍、改變中心人物等等；而主題的改寫則以改變主題思想爲主。由這些分類即可瞭解，若平日學生未具有分辨這些形式、筆法、或內容上的差異，恐怕連題目都無法理解，更遑論重新創作了，因而，這些差異與名詞定義便是教導「改寫型」作文法的基本能力。這些應是各位老師在教導各篇範文之時，須要仔細傳遞的常識。

同時，爲考量到測驗作答時間，若以語文測驗每一次兩至三大題爲原則，作答時間一百分鐘，故提供閱讀的資料不宜過長，而所取選的原文最好能夠提供足夠訊息，使考生有思考、理解、研判、歸納的空間，並且，盡可能不牽涉過於艱深的專業學科知識、或與學生有相當時代鴻溝的情緒，取材也必須細膩的考慮到城鄉、性別之間差距。

三、分類

㈠形式上的轉換

這一類可再分爲語言與體裁之改寫兩種。如：閱讀一首古詩詞將之改寫爲語體文；或將一段對話、一則故事之改寫成不同的文體皆屬此類型之改寫。

【題目一】

下列引文選自王勃〈滕王閣序〉，試將其改寫為語體文，為了文章的順切，也為避免流於翻譯，可將某些字詞、語句、段落加以渲染、修飾、刻畫，擴展得具體、詳細、生動，以塑造完整的情境。

落霞與孤鶩齊飛，秋水共長天一色。

漁舟唱晚，響窮彭蠡之濱；雁陣驚寒，聲斷衡陽之浦。

《成功高中語文鍛鍊》

〔習作指引〕

將古代韻文重作改寫之時，必須把握題目所提供素材的情境，提醒學生文字及文氣必要的經營，鼓勵學生解脫原作素材形構的束縛，以使得學生下筆時，個人的神思有發揮的空間。而學生在創作時，也必須留神韻文具備「重意象，重象徵」的特性，甚至也能相同地以語體文表現「以情境寄託旨意」的技巧。

〔例文〕

寂寞孤高的鷺鳥藏在塵埃落盡的晚霞裡，猛一飛昇，似乎連同夕陽也反抗著自然的規則，不想落入地平線；十一月的流水纏綿不斷的迎向銀河之濱。而在遙遠的天邊，那維納斯正在溫柔地梳理著她絲絲細髮，輕輕一滑，就那麼垂落到凡間的初冬的秋日裡。點點星舟拋丟了俗世的羈絆，恣意地放歌悠游於江海之中，快活的歌曲響徹了這個金黃色的季節；暮日降臨金黃驟變為青黑，速度快得如同一陣強風，颳去了誘人的餘暉，陶醉的雁兒驚慌得簇擁在一起，想用聲音驅走黑夜，奈何吃人的寒夜硬是將鋒利的音符橫斷在冷漠天地的眼簾裡。（張君豪）

〔簡析〕

經營這類翻譯作品時，必須講求文字的精緻度與文氣的流暢感。同時，在脫開原詩形構的束縛之時，更必須流意詩歌本有感性為主的特質。本篇在情感上無奈的接受落日暮歲的情感呈現頗為細膩；只是文字鍛鍊上忽略了韻文具有詞語跳脫的特色，使得譯文時而激昂時而悲涼，整體氛圍掌握未若完善。

【題目二】

下列有引自〈周氏宗譜〉的一段文字，請仔細閱讀、推敲，將其譯成白話，以散文形式作答。

1.翻譯時需把握旨意，可加某些語句以詳明表意。
2.所譯宜講求文氣的流暢與結構之完整。

> 凡事權其輕重，審其當否？合乎人情，然後行之，斯謂之義。故義為行事之正途。捨正途而不由，乃人欲誘之也。或誘於名，或誘於利；遂致不當為而為，不當取而取，枉是為是，顛倒錯謬。欲不顛躓傾仆難矣。

〔習作指引〕

論說性質的散文譯作，雖然不必挖空心思於意境之承傳，但是古人在論說當爾使用的語句必然有其巧妙用意，有時用判斷句强化主旨，有時用排比映襯爲了烘托側重，因而若原本素材中有特殊句法的，最好能以雷同句法處理。同時，有些文言句式若只是直譯，未必能夠是流暢的語體文，這也是必須在下筆之前構思完善的部分。

【題目三】

戲劇表現手法原不止一端，試將〈糟糠自厭〉中五娘吃糠一幕獨唱之〈孝順歌〉三首，哀怨又精彩的獨白，保存其精神，改寫爲糠與五娘的對話體語句。

嘔得我肝腸痛，珠淚垂，喉嚨尚兀自牢嗄住。糠那！你遭礱被舂杵，篩你簸颺你，吃盡控持；好似奴家身狼狽，千辛萬苦皆經歷。苦人吃著苦味；兩苦相逢，可知道欲吞不去。

糠和米本是相依倚，被簸颺作兩處飛；一賤與一貴。好似奴家與夫婿，終無見期！丈夫，你便是米啊！米在他方沒處尋，奴家，恰便似糠啊！怎的把糠來救得人飢餒；好似兒夫出去。怎得教奴供膳得公婆甘旨。

思量我生無益，死又值甚的？不如忍飢死了為怨鬼。只一件，公婆老年紀，靠奴家相依倚；只得苟活片時。片時苟活雖容易；到底日久也難相聚。謾把糠來相比；這糠啊！尚兀自人吃！奴家的骨頭，知他埋在何處？

1.對話一往一返，以不超過八段爲限；
2.文白不拘，但須前後一致；
3.宜充分表現人物之口吻、辭氣；另以括弧加「介科」亦可。

〔習作指引〕

將原本「獨白」改寫爲「對話」，這一類題目的「原創」性質便高於前列二題。因爲原素材的「獨白」只能見得一人的思維，故而在對話中第二個主角——糠——的態度便可以千變萬化：糠可以和趙五娘一般是相當傳統認命的角色、糠也可以是顚覆傳統、滿口黑街次文化口語的角色；糠可以認同趙五娘、也可以糾正趙五娘……，這種改寫，除了必須有足夠的閱讀能力之外，想像能力也相當重要，學生創作或老師批閱都將具有相當樂趣。

(二)內容上的改變

在忠於原文的主題之下，只要題目中要求改變敍述方式的皆屬此類，改變敍述方式包涵：

1.要求將記敍文字的順敍法改爲倒敍法，反之亦然。
2.要求將論說文的分述法改爲演繹法；將主觀的意見改爲客觀的陳述。

3.要求改換敍述角度，如將故事中第一人稱觀點改爲全知觀點（第三人稱）。
4.要求將原文中詳細之部分略寫，略寫之部分詳寫，反之亦然。
5.要求將原本雙線發展的文章改爲單線發展，反之亦然。

【題目一】

使至塞上

單車欲問邊，屬國過居延。征蓬出漢塞，歸雁入胡天。
大漠孤煙直，長河落日圓。蕭關逢候吏，都護在燕然。（王維）

1.將上列詩句的情境（時間、地點、景物、事件……）當作背景，將自己幻化爲當事人，重新寫成三百字至五百字的文章，使用文體不拘。
2.必須使用第一人稱角度，爲了使情境完足，可以適度加些想像鋪陳。

【習作指引】

題目要求必須將自己融合入這一篇詩作所提供的情境之中，寫成結構完整的文章。同時，敍述的觀察點與角度皆將改換。對於正值夢幻年歲的中學生，應爲相當投其所好的題型。可以提醒學生運用戲劇的同理心鋪排而成。然而，古詩詞對於習慣白話的學生而言，仍有些許文字障礙，若能在取材之時，找較爲淺顯的作品；或在部分作品中加上簡單注釋，應有助學生流暢思路。

〔例文〕

大漠記事

乙申年孟夏

摩詰輕車簡從奉皇上命令出塞，宣慰河西節度副大使崔希逸。能夠單車出使，誰不興奮？能夠使自晉朝開始便是中國強敵的突厥屈服，能夠讓邊境黎民眾生不再擔憂胡騎的鐵蹄，誰能不感到驕傲？

乙申年仲夏

一出關，黃沙遍野，大漠滾滾；隨風而去的蓬草呼呼的由自己的身傍滾晃而過，歸雁在天際一字型的振翅北飛。身負使命的我，在這種場景中都有思歸的念頭，不知長年駐守邊地的將士，日夜面對這些處處喚起思鄉愁思的景物又將如何自處？

乙申年季夏

邊疆沙漠，浩瀚無邊，烽火台燃起的濃煙，格外醒目，勁拔又堅毅的直煙，配合著長河上又圓又紅的落日，這是久在京師無法瞥見的奇景，這奇景即使是大師畫筆，也無法描繪其肅穆莊嚴於十一。

乙申年季夏

出使而來，居然沒能親遇都護！只會見留守此地的偵察候使。他說，守將在燕然。呵！守將已成功地將大唐的疆域推展到更遙遠的燕然山！唐軍的強力、唐朝的強盛，令我嘖嘖稱奇！欣然贊嘆！（楊詠誼）

〔簡析〕將原詩中的大漠風情，揭示得頗具現代感。而日記形式的寫法，在多數同學採取「獨白」形式的情況中，別具巧思。然而第一則日記中，起筆的人稱易給人錯覺，何不以「摩詰我」代之？

【題目二】

有一天，一位少年放學後，飢腸轆轆地站在一家麵包店前，望著玻璃窗內剛出爐的麵包和奶油派發獃。這時候，麵包店的老闆出來了，對他說話。「怎麼樣！是不是很好吃？」「對啊！很好吃。」小孩回答著。他是個有荷蘭血統的小孩。「但是玻璃很髒呢！」「嗯！的確很髒。怎麼樣？小鬼，願不願意幫我擦乾淨呢？」就這樣，愛德華．波克獲得有生以來的第一件差事。

《人生顛峯》

請依據上列故事，以麵包店老闆爲故事主線，以三百字左右的文章交代同一段背景和事件過程，篇中麵包店老闆的動作應描述而出。

〔習作指引〕

在視聽媒體強力栽培之下，學生看的電影、電視節目極多，這使得多數學生皆有「做戲」的能力，因而，這一類題目便可以要求他們以導演的角度思索，如果他們是導演，如何由老闆的角度運鏡。每一件事情，由不同的角度觀察敍述，呈現的重心也將大大不同。若學生不知從何下手時，可以再丟一些問題引導他們，如：老闆會自店中走出，必然因爲小孩吸引了他，那個吸引他的部分是什麼？而一名髒髒的子孩趴在自家玻璃窗前，一般人會有什麼反應？這名老闆反而選擇供給這名小孩工作，他的動機又何在？會不會在老闆背景中也曾有此類情形發生？多丟一些問題，學生想得多，自然也能發掘出更多的題材。

【題目三】

以下是朱少麟《傷心咖啡店之歌》小說中的一小段敍述。試將原本作者倒敍的寫法，改寫爲順敍結構。在敍述過程中，爲顧及文章的流暢性與完整性，可斟酌增減部分內容。

馬蒂一直喜歡這張床，因為床靠著窗戶，坐著就可以仰望天空。雖然與隔鄰的棟距那樣窄，窗口的天空被遮掩了一半；雖然台北的天空看起來總是那麼髒，馬蒂還是最喜歡抱著膝坐在床上，看天空。

附近的光害太多，此時看出去的夜空很混濁暗沈，看不到一顆星。馬蒂將前額貼在紗窗臆想著。星星都還在，她知道，只是超乎視線之外。

馬蒂翻開手記本，開頭是一篇她十八歲時嘔心瀝血創作的小說，篇名還用藍色麥克筆書寫：〈風的故鄉〉。這是一篇孩子氣的、極度缺乏寫實精神的愛情小說，故事中的少女主角一個人獨自旅行尋找自由，結果遇到一個令她迷戀不已的夢中男孩，她拋棄一切追求男孩的愛，最後得到男孩卻失去自我，所以她又離開了男孩。

故事在左支右絀的貧乏情節中嘎然結束，留下了小半本的空白紙頁。這小說可以說是叫人汗顏的少年習作，可是看完之後，當年的情感卻如星星之火燎燃了起來。小時候的馬蒂常夢想遇見一個男孩，這男孩無比聰明而且了解她。她也常夢想自己可以變成一隻小鳥，自由自在地飛走。當然這樣完美的男孩從來沒有出現。至於小鳥，她後來在書上讀到這樣一段文字：人們常羡慕小鳥飛行的自由，可是大部分的人都不知道，多半的小鳥終生都棲守在同一個巢，只能在很固定的領域中飛翔；而候鳥，因為天賦的習性，每年不由自主忙碌地往返於南北之間，飛行在同一條路線之上。這樣子，你能說一隻冉冉飛而去的小鳥自由嗎？

〔習作指引〕

有些題目爲了測驗學生的想像力而命題，有些題目則爲測驗學生的文字能力而命題，而上列這一題，則單純測驗學生轉換敍述結構的能力。有些學生在作文時「一以貫之」，常常只會運用一種敍述方式，這類題目具有强迫他們改換手法的功能。然而，也因爲測驗目標較爲枯燥，所取之材宜較有趣、或較具人生教育之意義。這一篇文章，可以指引學生先行圈出「小時候」的場景，再由小而大的寫。至於文中有一小段生物的習性非關時間，但置於文前與文中或文後，皆可造成不同的效果，可以提醒學生試作不同的安排。

(三)主題上的改換

大多數的改寫題目，均要求在「不改變原文主題思想」之下完成；只有這一類，特別要求將論點置換，以在原文的基礎上，呈現不同的主題思想。這類改寫主題思想的題目，往往可見得學生別出心裁的新境，也能夠帶給閱讀者耳目一新的感受。

【題目】

操吳戈兮被犀甲，車錯轂兮短兵接；旌蔽日兮敵若雲，矢交墜兮士爭先。凌余陣兮躐余行，左驂殪兮右刃傷；霾兩輪兮縶四馬，援玉枹兮擊鳴鼓；天時墜兮威靈怒，嚴殺兮棄原壄。出不入兮往不反，平原忽兮路超遠；帶長劍兮挾秦弓，首身離兮心不懲。誠既勇兮又以武，終剛強兮不可凌；身既死兮神以靈，子魂魄兮為鬼雄。

此段引文選自《楚辭・國殤》，屈原先記敍戰事，後論贊爲國捐軀的戰士英勇氣概與犧牲無悔之精神。愛國情操充沛濃郁。

1.上列〈國殤〉的文字中，以歌頌戰士英勇詮釋戰事，然而在「爲國」還是「爲君」的定位不明之下，是不是每一場「戰爭」都值得歌頌？試以上列之戰爭場景與時代背景，用不同的解讀方式創作。

2.改寫之文章使用文體不拘。（詩體、散文皆可。）

〔習作指引〕

在每個人民的生命被解讀爲「組成國家必要的零件」之時代，零件可以爲了主體之運作而汰舊換新；然而，在每一個生命皆被重視的廿一世紀中，對於「國家」、對於「戰爭」，皆有相當顛覆傳統思維的詮釋與意義。創寫這一題目之時，學生必須對「國家觀念」與「戰爭目的」等等較爲哲學的議題有些省思。或許在創作之前，應多些相關議題的閱讀與導引。

〔例文〕

國殤

冷冰冰的矛戈，寒颯颯的風

堅厚的皮甲，覆著滿腔熱血
沙場相見，都是祭品——血淋淋……
敵軍壯盛如雲，飛矢如雨；
士爭先！爭什麼忠勇義烈？
　　爭什麼丹心汗青？
殺，與被殺；直接，卻又無奈！
鼓聲震天、血濺四地、轍亂旗靡
屍，積如山——
之前，他們還是活生生的骨肉，
還有生動的笑容。
現在他們在自己的血上，倒在別人的血上；
　　　　　血，也是冰的
生命，汩汩流失
緩緩地，連疆場的黃土都聽不見。
也許，他們曾擁有過的，並非屬於他們
被役使的牛羊，鬥爭下的犧牲

早就沒有自己的靈魂。

如果有，九泉之下不應是他們
　　理所當然的歸宿
如果有，豐功偉業不該是當權者
　　冠冕堂皇的榮耀
死。世俗的評價再也加諸不到他們身上　陰風慘慘，荒野茫茫
向前
　　不知歸途何方？
而手持長劍，肩挾硬弓，
因為不悔
　　　還要戰！
為了野心家的野心，為了權謀者的權謀；
保國衛民？
未必是無懈可擊的理由，
那麼，試問：
　　還要戰？（李俊儒）

〔簡析〕

全詩能夠開脫引導文字形構的束縛，同時又能注意到詩歌本有感性爲主的特質，相當難得。本篇傳遞顚覆傳統，以「萬骨枯」的戰場場景，將中國歷史中「犧牲個人達成羣體價值」的思維切割分析，省思「戰」之意義。令人思索著：「曾擁有的生命並非屬於百姓可以自我掌握」的時代悲哀，更令人矛盾掙扎的是，這種無奈又豈只發生在一千多年之前？

四、結語

和大多數新題型作文一樣，改寫型的作文方式，能夠測驗學生是否依照說明，表達要求、控引思緒、斟酌素材，同時，測驗學生是否能夠適當調整表意方式。

基本語文表達能力二個大方針「拓展反應式」與「限制反應式」，這類提供材料改寫的題目，屬於「限制反應式」的題目，在取材、架構各方面受限制之下，學生的表現自然也受限。學生乍見題目或許感到新鮮、有趣，但未必能夠將個人才情發揮。若再加上提供改寫的素材未能留神學生的理解力、未能貼近學生的學習與生活，恐怕學生掙扎著揣摩素材意涵的同時，耐力與創作力也被耗盡。故而，或許只適合於初學者習寫，以熟悉各種體裁、人稱、結構種種的變化。

解讀文學・發掘藝術桃花源

——談「文章賞析」

一、說明 △

所謂文章賞析，是根據題目所提供的一篇或一段文章，由主觀或客觀的角度加以欣賞分析。欣賞多半較爲主觀，個人有個人的詮釋層次；分析則較爲客觀，常有一些固定的解析模式。

文章賞析可以由題目所提供的篇目粗分爲「片段賞析」與「全篇賞析」二大類，不論屬於那一種類型，皆以能夠判讀各家文學風格，並就章法、修辭加以賞析爲重點。

〈八十八年日大多重選擇題18題〉

題幹：「松下問童子，言師採藥去。只在此山中，雲深不知處。」其中二個選項皆屬文章賞析範疇：

(D)這首詩的描寫，運用了空間推移的技巧——由近至遠，由小及大，與「千山鳥飛絕，萬徑人蹤滅。孤舟蓑笠翁，獨釣寒江雪。」完全相同。

(E)「松下問童子」隱者彷彿是可遇，「言師採藥去」儼然是不可遇；「只在此山中」彷彿又可遇，「雲深不知處」則又是不可遇。這首詩在內在理路上，呈現出「可遇」與「不可遇」的交錯。

文章賞析的題目，偶而會出現在「選擇題」之中，如上列題目二個選項中，D選項以賞析的「章法結構」爲分析目標，E選項則以逐句分析指出文章的內在理路。再如：

〈八十九年日大多重選擇題24題〉

題幹：「文學作品見空間移轉的手法，寫景或由遠而近，或由大而小，選出下列例句符合此種作法的選項」

(A)李白〈靜夜思〉：「床前明月光，疑是地上霜，舉頭望明月，低頭思故鄉。」

(B)歐陽修〈醉翁亭記〉：「環滁皆山也。其西南諸峯，林壑尤美。望之蔚然而深秀者，琅邪也。山行六七里，漸聞水聲潺潺，而出於兩峯之間者，釀泉也。峯回路轉，有亭翼然，臨於泉上者，醉翁亭也。」

(C)周邦彥〈蘇幕遮〉：「燎沈香，消溽暑。鳥雀呼晴，侵曉窺檐語，葉上初陽乾宿雨，水面清圓，一一風荷舉。」

(D)陳之藩〈寂寞的畫廊〉：「於是，像一朵雲似的，我飄到密西西比河的曼城，飄到綠色如海的小的大學來。校園的四圍是油綠的大樹，校園的中央是澄明的小池，池旁有一聖母的白色石雕，池裡有個聖母的倒影。」

(E)蘇軾〈永遇樂〉：「明月如霜，好風如水，清景無限。曲港跳魚，圓荷清露，寂寞無人見。」

上列題目題幹便是以「章法結構」爲分析目標，置五個選項、五段文句，供學生判斷文章的安排理路。

相關於文章修辭的「選擇」題目，不勝枚舉。至於，將此類測驗安排在大學相關考題「非選擇題」單元，則只得見於八十六年日大考題與八十九年推甄試題。（見置於分類之片段賞析題目一、二）

指定科目考試的測驗目標中，有關「透過閱讀與寫作歷程，發展出分類原則，系統性組織，建構語文資訊」、「透過作品之意象、情節等構成要素以及象徵、隱喻等文學筆法，體會其言外之意，並品評其審美價值」、「能鑑賞古今不同文體之文體特徵與文學風格」等等的目標，在這文章賞析這一類的命題方式中，將可以達成完整且深度的評估。

老師指引學生於各類範文之後，若想評鑑學生對詞章、審題、立意、運材、布局、措辭各項的認知，以「文章賞析」的題目將可百分之百評鑑出學生的程度，簡而言之，文章賞析的題目根本可以說是範文教學的成果驗收。

二、教學指南

文章賞析的題目往往是提供一段或一篇文章爲素材，要求學生由無而有的賞析，這種同時評鑑學生賞析與作文能力的命題方式，難度絕對高於其他的題目，但也並非沒有一些慣性的思考方向或答題技巧。

題目若如八十九年推甄的方式（見下列題目二），測驗的指示中，已然標示作答方向，只要分項陳說，便不至於漫無邊際，若未依其指示作答，可能依缺漏部分多寡而扣分。若題目未列明作答方向，不妨依下列方向思考：

㈠解析結構：找出素材之運材方式（含順敍或逆敍、先賓或先主……），與布局的原則（先大先小、先外先內、先粗先細……）。

㈡鍛字鍊句：具體且細膩的找出使用了那一些修辭，分析如何運用這些修辭手法，並說明由這些修辭可達到那一些效果。

㈢意涵聯想：由文字內容發掘出創作立意、理出旨趣層次，並作「相關主題」、「相關人生哲理」部分之聯想與欣賞。

如此藉由「複述文中片段文字」，以「分析」其文章特色，並切入自己的感受與心得，以融入「欣賞」的內容，便能完成一篇好的賞析文字。

三、分類及範例習作

㈠片段賞析

【題目二】

請先閱讀下列文字，然後依序回答第一題及第二題。答案務必寫在「答案卷」上，並標明「一」、「二」。

1.天地有大美而不言，四時有明法而不議，萬物有成理而不說。聖人者，原天地之美而達萬物之理。

（《莊子・知北遊》）

2.人是自然的產兒，就比枝頭的花與鳥是自然的產兒；但我們不幸是文明人，入世深似一天，離自然遠似一天。離開了泥土的花草，離開了水的魚，能快活嗎？能生存嗎？從大自然，我們取得我們的生命；從大自然，我們應該取得我們繼續的資養。那一株婆娑的大木沒有盤錯的根柢深入在無盡藏的地裡？我們是永遠不能獨立的。有幸福是永遠不離母親撫育的孩子，有健康是永遠接近自然的人們。不必一定與鹿豕遊，不必一定回「洞府」去；為醫治我們當前生活的枯窘，只要「不完全遺忘自然」一張輕淡的藥方，我們的病象就有緩和的希望。在青草裡打幾個滾，到海水裡洗幾次浴，到高處去看幾次朝霞與晚照——你肩背上的負擔就會輕鬆了去的。

（徐志摩／〈我所知道的康橋〉）

3.望著湯湯的流水，我心中好像忽然徹悟了一點人生，同時也好像從這條河上，新得到了一點智慧。的的確確，這河水過去給我的是「知識」，如今給我的卻是「智慧」。山頭一抹淡淡的午後陽光感動我，水底各色圓如棋子的石頭也感動我。我心中似乎毫無渣滓，透明燭照，對萬彙百物，對拉船人與小小船隻，一切都愛著，十分溫暖的愛著！我的感情早已融入這第二故鄉一切光景聲色裡了。我彷彿很渺小很謙卑。

（沈從文／〈湘行散記〉）

4.自然與人、人與自然之間的關係，可分從兩方面言之：人類的生存依賴於自然，不可一息或離，人涵育在自然中，渾一不分；此一方面也。其又有一面，則人之生也時時勞動而改造著自然，同時恰亦就發展了人類自己：凡現在之人類和現在之自然，要同為其相關不離遞衍下來的歷史成果，猶然為一事而非二。……人類的發展和自然的變化今後方且未已；這是宇宙大生命一直在行進中的一椿事而非二。

（梁漱溟／〈人心與人生〉）

5.半個鐘頭以後，雪漸漸小了，天色廓清。在神聖的寂靜中，我搖下窗戶外望，覺得天地純粹的寧謐裡帶著激越的啟示，好像將有什麼偉大的真理，關於時間，關於生命，正透過小寒的山林，即將對我宣示。一種宿命的接近，注定在空曠和遼闊的雲霧中展開。我不自禁開門走出來，站在松蔭的縣崖上，張臂去承受這福祉，天地沈默的福祉，靜的奧義。

（楊牧／〈搜索者〉）

6.在那次途程中，接近四川邊境時，那在夕晚中高聳入雪的秦嶺，那遍山的蒼老松櫪，和獵戶的幾把輝亮野火，山村居民驅狼的銅鑼聲，引起我一種向所未有的肅穆之感，李白的詩句「慄深林兮驚層巔」，宛如活生生的呈現在我的眼前了。天地間雄偉的景色使我憬然瞿然。我感生命的佈景竟是如此的壯美，自己應該如何實踐生命的意義、聖賢的教訓，以不負在這壯麗的、自往古至今日的連續劇中，做了一個小小的角色……而窗前這幾片樹葉，更使我感到造物者的智慧、細心，他以大筆寫意，為我們描出了高山長水，而又如此的心思細膩，連幾片小小的木葉，都不掉以輕心，都仔細的予以賦色、描繪，使我們生活中處處發現了美的痕跡，我遂進而悟解出：自己在日常的生活的畫室中，也應摹仿這位偉大的畫師，一筆不苟；更使自己生活的畫面上，無一漏筆或敗筆出現。

（張秀亞／《白鴿・紫丁花幾片樹葉的聯想》）

7.山靜，水動。動靜之間有大自然的脈動運轉。凡人疲於生活，未必能領會天地間山水的奧秘，因此，只能算是山水所屬而已，一切仰賴山水而生。仁者與天地同體，聖者則能閱讀山水的智慧，從中取得生命的方向。因此仁者樂山，智者樂水；求其沈穩靜謐，求其流暢、可塑、能應萬變的特性也。

（王鑫／〈看！石頭在說話〉）

上列作品，各家「文字風格」（注意，非指「內容」）各有特色；有重遺詞用字，力求精美者；有直述意旨，平易質實者；有善藉景物以寓托情懷者，……不一而足。你最欣賞那一則？爲什麼？試加以分析。文長不超過四百字。

〈八十六學年度推甄試題第二題〉

〔習作指引〕

這個題目共提供了七段文字供學生選擇。學生應擇選出作者較爲「熟悉」的篇目以作相關的文字風格聯想；或者也可以擇選「篇幅較長的作品」下筆，以使自己「可賞可析」的部分增多。

題目中要求先找出「最欣賞」的一則，同時，必須寫出「原因」；爾後加以分析，並在題目中列出「遣詞用字」「筆法意旨」「修辭」等參考的方向。「不一而足」一語則指出，未必只能從參考方向落筆。這個題目給學生的指點不多，受到的限制雖然少，但是範疇相對寬廣，難度也因而增加。同時，因爲有字數限制，因而「複述原文」的文字不宜太多，分析的項目需加以擇取，以免流於籠統。

學生可以由「結構」、「分章斷句」、「意念層次」、「字詞」各方向，找出自己有能力賞析得好的項目著手。

〔例文一〕取序號2賞析

文中取用枝頭的花鳥、泥土的花草、水中的魚和婆娑的大木這些大自然的事物敘說，再與同是獲取生命於大自然的人類相映對比，指出人類卻不能完全獨立的事實。文字不帶指責意味的，似全不經意的點呈人類選擇了文明生活卻遠離大自然的同時所帶來的枯窘；最後更是輕鬆地說道，「只要不完全遺忘自然」，放鬆自己去接觸自然，便減輕了肩上的負擔。全文並無嚴厲的遣詞來痛陳人們遠離自然的弊病，卻在輕淡的字句敘述中，使人不時感受體會到自然和本身的不可分離，這是最令我欣賞之處。（賴盈志）

〔例文二〕取序號5賞析

外界的呼嘯，在狂舞之後，以純淨的心搜索天地的足跡。尋覓的終點，似乎與過程並無絕對的關係，但在追訪的途中，正好拋去原有一身的枷鎖，理清滿心的散亂，放縱形體了無拘束。或許思維至此，方有資格去擁抱這天地沈默的福祉——靜的奧義。「雪、松和懸崖」、「寂靜、寧謐、寒、空曠和遼闊」，不論作者筆下是具象的實體，抑或抽象的描述，在在表現出搜索外在路線與內在心境。「半個鐘頭的雪」並不怎麼長的一段時間，但卻足以令人深陷其中無法離去。紛擾之後，窗外餘下一片純粹，那是寧靜下的產物。「宿命的接近」對於窺視真理的層面來看，更顯得一種無法抗拒地放逐。這是一種放逐，又何嘗不是個機緣？「開門走出」是遠離的開始，使得靈魂不再被禁錮。「神聖的寂靜」是探訪真理的誘因；「空曠和遼闊的雲霧」是探訪真理的助瀾；「松蔭的懸崖上」則是冥合天地的濫觴。一連串平淡、雅致的詞語各自裊裊其意，通篇由此特質泛成一幅留白山水。（陳至涵）

〔例文三〕取序號7賞析

首兩段，作者使用映襯法，指出凡人和仁者、聖者的不同，說明天地萬物雖然提供無限智慧和經驗給人們，等待有心人的發掘，最後，作者使用排比法和層遞法說出仁者、智者樂的是什麼，求得又是什麼，將文章以「應萬變」回扣首句的「脈動運轉」言簡意賅之外，更能達到一氣呵成的功效。不但旨意清晰，更為讀者留一部分的空間沈思。清楚的寫法依然帶著幾分朦朧境界，這或許就是「此中有真意」的遙深吧？（王靖翔）

〔簡析〕

例文一以文章的布局巧思與文字技巧爲主要方向，也點出自己擇選這篇節文入筆的欣賞緣由，是寫得四平八穩的一篇文章。

賞析文字最怕偏於一隅，只賞不析或只析不賞都溺於一端。例文二於「賞」的層次，呈現極高的空靈意境，然而文字與章法的分析不足，不免有所偏失。

例文三則將重點放在手法運用之上。文章的組成本就由字而詞、由詞而句、由句而段。大範圍的鳥瞰可以得到段落組成的結構，小範圍的細推慢敲，則可以體會每一句、每個詞的氛圍與美感。但是本篇賞析忽略「欣賞」層面，同時，也未依題目指示說明「最欣賞的原因」，在大型測驗之中，未依題目要求行文，等第必然吃虧。

【題目二】

以下是陳列〈八通關種種〉裡的一段文字，其中沒有任何艱難晦澀的詞句，可是寫得非常精彩。請細細咀嚼，加以鑑賞分析。

苳濃溪營地附近，雪深數尺。溪水有一段已結冰。冷杉林下的箭竹全埋在雪下。冷杉枝葉上也全是厚厚的白，似棉花的堆積，似刨冰。有時因枝葉承受不住重量，雪塊嘩然滑落，滑落中往往撞到下層的枝葉，雪塊因四下碎散飛濺，滑落和碰撞的聲音則有如岩石的崩落，在冰冷謐靜的原始森林間迴響。

請就上引文字，由「遣詞造句」、「氣氛營造」、「文章風格」三方面綜合賞析。

〈八十九年推甄試題〉

〔習作指引〕

測驗的指示中，已然標示作答方向，只要分項陳說，便不至於漫無邊際。學生由提示的三方面賞析，同時必須避免僵滯於項目的局限，注意自身文章的完整與筆力，應可提昇個人的表現力。

〔例文〕

在這一段文字中，作者的視角由大範圍的「羌濃溪營地」，逐漸縮至「箭竹」與「雪」，之後全力摹寫著「雪」的動態與聲音。最後，更以「迴響」的聲音，為全篇重塑一個迴響再迴響的無邊界場景。場景由具體的大，逐漸縮至小的雪景，最後又擴充至抽象的極大。

作者遣詞手法相當高明，既然談「雪」，冷字便下得妙！讓人立即意會到杉木的生長環境——高海拔、氣溫低、漫山杉木筆直向天，細尖的葉上，滿是霜雪。而這個意會，為後續文字悄然地做了最好的布景。

在雪景部分，運用了摹寫與譬喻的技巧。「冷杉林下的箭竹全埋在雪下。冷杉枝葉上也全是厚厚的白，似棉花的堆積，似刨冰。」以「棉花堆積」、「刨冰」這些日常生活中常見的事物貼切喻寫，讓對雪景不熟悉的人們，也能在腦海中繪出一幅美的雪景。而「厚厚的白」除了以「白」的色澤借代了雪，呈現出一望無際，無以辨識的感受外，更以「厚厚」的類疊詞語除了可以與前半部分「積雪浮厚，就連箭竹那般的突起物也都被埋下」相互呼應之外，也表現出雪的厚實重量。

「雪塊嘩然滑落，滑落中往往撞到下層的枝葉，雪塊因四下碎散飛濺，滑落和碰撞的聲音則有如岩石的崩落」一段，兼顧視覺與聽覺的摹寫。雪因前述之重厚而滑落，為了顧及「滑落的流暢迅快」，更添以頂真的技巧：「雪塊嘩然滑落，滑落中往往撞到下層的枝葉」，而「雪塊嘩然滑落，滑落中往往撞到下層的枝葉，雪塊因四下碎散飛濺，滑落和碰撞的聲音則有如岩石的崩落」再次以譬喻寫出其聲音之震動撼人。小小的雪塊，藉由滑落和碰撞，產生如千斤巨岩般的氣勢，這是一種神祕之美。

全篇最妙的，應在藉由視覺與聽覺而營造出的氣氛。種種呼應與修辭，營造出身歷其境的臨場感，氛圍的「冷」、雪花的「輕」、眼界的「白」、聲響的「崩碎飛濺」，極盡其能的以文字勾動閱讀者的感官知覺。

而最後的聲音，不只在冰冷謐靜的林間迴響，也同時在閱讀者的心中餘波蕩漾。這種冬季深沈孤寂的氣氛，藉由大自然的音響低低迴繞在文字之間。我想，在這種情況之下，人們才能真正澄淨心情，達到「明心見性」的境界吧！（盧慶丞）

〔簡析〕

本篇幾乎將選文中可以抓舉而出的章法、修辭全數入文。明確又細膩的賞與析，不但展現出個人的文字敏銳度與不俗的鑑賞力，最後更由賞析拓出一小段的衍生感想，學生對該篇文章產生的共鳴，得見一斑。

【題目三】

試針對「文字特色」與「文章風格」二方面，綜合賞析下文。

蒲公英的歲月，流浪的一代飛揚在風中，風自西來，愈吹離舊大陸愈遠。他是最輕最薄的一片，一直吹落到落磯山的另一面，落進一英哩高的丹佛城。丹佛城，新西域的大門，寂寞的起點，萬嶂砌就的青綠山獄，一位五陵少年將囚在其中，三百六十五個黃昏，在一座紅磚樓上，西顧落日而長吟：「一片孤城萬仞山」。但那邊多鴿糞的鐘塔，或圓形的足球場上，不會有羌笛在訴苦，況且更沒有楊柳可訴？於是橡葉楓葉如雨在他的屋頂頭降下赤褐鮮黃和鏽紅，然後白雪在四周飄落溫柔的寒冷，行路難難得多美麗，於是在不勝其寒的高處他立著，一匹狼，一頭鷹，一截望鄉的化石，縱長城是萬里的哭牆，洞庭是千頃的淚壺，他只是那樣立在新大陸的玉門關上，向紐約時報的油墨去狂嗅中國古遠的芳芬，可是蟹行蝦形的英文之間，他怎能教那些碧瞳仁碧瞳人去嗅同樣的菊香與蘭香？

碧瞳人不能，黑瞳人也不可能，每次走下台大文學院的長廊，他像是一片寂寞的孤雲，在青空與江湖之間搖擺，在兩個世界之間搖擺，他那一代的中國人，吞吐的是大陸性龐龐沛沛的氣候，足印過處，是霜是雪，上面是昊昊的青天爍爍的白日，下面是整張的海棠紅葉，他們的耳朵熟習長江的節奏黃河的旋律，他們的手掌知道楊柳的柔軟梧桐的堅硬。江南、塞外，曾是胯下的馬髮間的風沙曾是柳上的燕子齒隙的石榴染紅嗜食的嘴脣。不僅是地理課本聯考的問題習題。他這一代的中國人，有許多回憶在太平洋的對岸有更深長的回憶在海峽的那邊，那重重重疊疊的回憶成為他們思想的背景靈魂日漸加深的負荷，但是那重量不是這一代所能感覺。舊大陸。新大陸。舊大陸。他的生命是一個鐘擺，在過去和未來之間飄擺，而他，感覺像一個陰陽人，一面在陽光中，一面在陰影裡，他無法將兩面轉向同一隻眼睛，他是眼分陰陽的一隻怪獸，左眼，倒映著一座塔，右眼，倒映著摩天大廈。

（余光中／《焚鶴人・蒲公英的歲月》／純文學出版社）

〔習作指引〕

余光中先生的作品一向密度極高、深具質感，因而若要讓學生作「賞析」方面的習作，是一個很好的入門素材。說明中指出必須就「文字特色」與「文章風格」兩項說明。文字特色可以從鍛字取材與文句修辭入手；文章風格則可以與雷同背景的篇目做聯想。

〔例文〕

這篇文章和陳之藩〈失根的蘭花〉、梁實秋的〈舊〉，都算是憶舊之作，三人在寫作方面或多或少受到西洋文學的影響，但是陳與梁皆能考慮新文化的優點，而余光中在本文中對中國的戀戀則十分純粹，是對生養之地的情愫發出的最高相思。

全篇藉由蒲公英飄泊無根的特質，寫出西去他鄉的五陵少年如此無依無靠，中國式的思維落在『圓形足球場』『多鴿糞的鐘塔』特意揀擇而出的西方象徵之上，少年不勝負荷的零丁孤苦，便在種種具象之中堆疊出不堪的原罪。

文中處處可見的借代手法，給予文章十分婉曲的美感，「碧瞳人」是西方人、「黑瞳人」是東方人、「舊大陸」是中國本土、「新大陸」是美國本土、「蟹行蝦形」是英文、「菊香與蘭香」是中文……，全篇每一個用詞都如此堪得咀嚼品味。

更能撼動人心的，是篇中使用的借喻手法。如寫出自己的不勝其寒，如「一匹狼，一頭鷹，一截望鄉的化石」，以狼鷹的孤傲、化鄉石的固執堅守，傳遞著對家國無際無悔的眷顧。而將自己在新舊生活中的擺盪，喻寫成「一個鐘擺」，然後，以文字「舊大陸、新大陸、舊大陸」傳遞自己飄擺的實況，然後，更深入的「像一個陰陽人」，寫著心態的矛盾與怪詭。

作者這一代所能感覺的，或許便是如此無可訴說的寒冷吧？蒲公英，向東飛過大片錦繡山河，越過幾里之遙的海峽，更橫過了一片汪洋的大海，不知歷經多少心酸，多少寂寞，多少的無奈，然而悲傷之情，又豈是在兵荒馬亂中尋得一個暫居的避所而能逐漸淡忘？有人說或許時間可以沖淡一切，我不信！面對如此的刻骨銘心，如此的膽戰心驚，你又不是他，又豈是一句『時間』可以概括的來？（陳偉仁）

〔簡析〕

選文以熱烈思念故土的情感，藉由中西場景的差異，引領出激盪與思考。本篇例文掌握住「余式散文」中，新詞新語的借代運用而寫，文字敏銳度頗當。可惜的是，選文中多處的用典，學生未曾投注眼力。典故是一種濃縮的意念，常更能迅捷引起讀者認知共鳴，本篇龐沛的用典（如「望鄉石」、「羌笛在訴苦，況且更沒有楊柳可訴？」），更是透過時空聯繫的、傳遞血緣眷念的一種表現，也是選文之意象的精準建構，這類取材，更可為選文之鄉愁主題，推波助瀾。

【題目四】

下列是《水滸傳》中「山大王周通前來娶親」的場景，請細細品味，從「遣詞造句」、「氣氛營造」及「人物描寫」三方面綜合賞析。

只見遠遠地四、五十火把，照耀如同白日，一簇人馬飛奔莊上來。劉太公看見，便叫莊客大開莊門，前來迎接。只見前遮後擁，明晃晃的都是器械旗槍，盡把紅綠絹帛縛著。小嘍囉頭上亂插著野花。前面排著四、五對紅紗燈籠，照著馬上那個大王：頭戴撮尖乾紅凹面巾，鬢旁邊插一雙羅帛像生花，上穿領圍虎體挽羢金繡綠羅袍，腰繫一條稱狼身銷金包肚紅搭膊，著一雙對掩雲跟牛皮靴，騎匹高頭捲毛大白馬。那大王來到莊前，下了馬，只見眾小嘍囉齊聲賀道：「帽兒光光，今夜作個新郎；衣衫窄窄，今夜作個嬌客。」

《成功高中語文鍛鍊》

〔習作指引〕

在「說明」中，已經提出了三個賞析方向，依照其指示以條列式的方式作答。小說中人物描寫衣著、言語、表情的描寫，多半有其「性格」的影子，必須清楚掌握；同時應注意「新婚的場合」與「明晃晃的器械旗槍」之間的突兀矛盾。

㈡全篇賞析

由於寫作時間的限制，過於長篇的文章並不適合於列入「賞析命題」之中。然而若要讓學生習得由高俯看全篇文章的布局、讓學生習得如何解構通篇文章，「全篇賞析」的題目依然不可少。兩相斟酌之下，以詩歌入題將最爲合適。

全篇文章的賞析，學生往往忽略「章法」安排，僅側重於字句鍛鍊分析。故而，平日課堂之上，讓學生習慣整體見得範文如何「安排內容」以造成美感，鋪情陳事，應是教學的一項重心。

【題目一】

下列爲一首唐詩，試以教師爲學生解說詩句的角度，賞析這首唐詩。

送友人

青山橫北郭，白水繞東城。此地一為別，孤蓬萬里征。
浮雲遊子意，落日故人情。揮手自茲去，蕭蕭班馬鳴。（李白）

【習作指引】

受囿於答題時間的限制，整篇賞析的題目多半會以較爲精簡用字的文學類型呈現。這是一篇唐詩，學生在閱讀時，可能會有時代的隔閡，但也因而提高了評鑑度。另需留神的是，既以「全篇賞析」爲題，全篇的「謀篇結構」便應是主要考量的賞析方向。

〔例文〕

每個人的生活歷練各有不同，但是，「送別」的經驗恁人皆難以避免，因而這一首情景交融的送別詩，相當能夠引發閱我們的同理感受。

首聯「青山橫北郭，白水繞東城」寫的是送別時的背景。以秀麗的景致烘寫送別之後，人隻影單的悲涼；次聯「此地一為別，孤蓬萬里征」是一聯流水對，將「一別萬里」的情感毫不保留地流洩而出；頷聯「浮雲遊子意，落日故人情」再次加重離別的飄浮之感。不論是「浮雲」或「落日」，皆展現了世事無常的感慨，故人宛如浮雲般隨勢逐流，舊日情懷多麼令戀不捨啊！末聯「揮手自茲去，蕭蕭班馬鳴」，終究抑壓自己昂揚的情緒，祝福故人鵬程萬里，而班馬的鳴叫聲卻營造出「淚眼相望、無語凝噎」那種孤寂空洞的感受。

綜觀整首詩，意象如此的繁複，不論在色彩上或情境上，都有著強烈的對比，「山」可見得情感的厚實、「水」可見得相思的綿延，美景中的別離，不禁令人傷感；最後離別時馬嘶，更以聲音效果留下無窮韻致。（劉昱呈）

〔簡析〕

全篇依照句式先後而賞析，得見次序；主題掌握與情思聯想皆可見得學生之文學感受力；「對偶」與「象徵」的修辭解說，可見得寫作之用心。可惜缺乏全詩的整體結構說明，如此一來，賞析難免支離破碎。本詩採用「實虛實」的結構寫成，起頭的實景爲中段所敘的離別事件蓄力，最後二句再以實景呈寫，爲主題作出綿緲的收結，全詩脈絡十分清晰。

【題目二】

下列爲二首新詩，試依表列項目，分析這二首新詩之同與異。

再不見雷峯

再不見雷峯：雷峯坍成了一座大荒塚，
頂上有不少交抱的青蔥；
頂上有不少交抱的青蔥，
再不見雷峯：雷峯坍成了一座大荒塚。

為什麼感慨，對著這光陰應分的摧殘？
世上多的是不應分的變態。

世上多的是不應分的變態；
為什麼感慨，對著這光陰應分的摧殘？

為什麼感慨：這塔是鎮壓，這墳是掩埋，
鎮壓還不如掩埋來得痛快！
鎮壓還不如掩埋來得痛快！
為什麼感慨：這塔是鎮壓，這墳是掩埋。

再沒有雷峯：雷峯從此掩埋在人的記憶中：
像曾經的幻夢，曾經的愛寵；
像曾經的幻夢，曾經的愛寵；
再沒有雷峯，雷峯從此掩埋在人的記憶中。（徐志摩）

鄉愁四韻

給我一瓢長江水啊長江水
酒一樣的長江水

醉酒的滋味
是鄉愁的滋味
給我一瓢長江水啊長江水

給我一張海棠紅啊海棠紅
血一樣的海棠紅
沸血的燒痛
是鄉愁的燒痛
給我一張海棠紅啊海棠紅

給我一片雪花白啊雪花白
信一樣的雪花白
家信的等待
是鄉愁的等待
給我一片雪花白啊雪花白

給我一朵臘梅香啊臘梅香
母親一樣的臘梅香
母親的芬芳
是鄉土的芬芳
給我一朵臘梅香啊臘梅香（余光中）

〔習作指引〕

新詩是一種精緻文學，在現代詩人的積極創新之時，各種形式的手法與各種抽象的概念、言外之意紛紛深藏在語言之中，故而不容易有讓學生熟悉的固定形式；此篇命題以固定形式的格律詩爲主，學生應較易掌握。格律詩形式整齊、音節鏘鏗，象徵表現不至於太飄忽幽渺。學生於此篇，可以先找出主題，再依不同場景，找出各段段旨；最後再依其取材裁剪文章的遣辭造句。甚至可以考慮以表列式呈現。如此一來，學生「文字能力」便不需太强調，只需著重其「分析能力」即可。然而列表切忌太細瑣，如此一來，便流爲「塡空題」，反而限制學生可能之新穎賞析，

〔例文〕

（說明：表列中黑體字爲試題本有之文字，其他爲學生所試填之作）

篇名	作者	性質	主旨	詩體結構	用韻	章法安排	素材取擇
再不見雷峯	徐志摩	仿塔型圓象詩	感情不受祝福之苦	甲乙甲型式不止是段段之間的次序，更是各段中句與句的結構。	段段入韻	先提及現實之雷峯受摧殘而荒，最後叛逆地寫雷峯被鎮壓只能留存在人的記憶中，其實也寫其焚燃情感的憤怒，先實後虛。	取白素貞受鎮雷峯塔的典故，並以白素貞與許仙之愛戀不受社會認同為背景，作個人情愛不受祝福的控訴。看似受挫動搖，其實是失望後，對個人情感的再肯定。
鄉愁四韻	余光中	民謠風格律詩	思鄉不得返回之苦	重章疊詠型式表現詩經方式的類疊與韻味。	段段入韻	前三段屬於愁苦的思鄉情緒；最後則以「鄉土的芬芳」變化成對歸鄉的期望與企求的柔情。結構簡單，轉折情絲綿渺。	不論「長江」「秋海棠」「臘梅」皆具大陸意象代表，並藉這種取材，構建懷鄉意象。

（黃冠智）

〔簡析〕

使用表列，學生可以依項目而填，較不易造成學生壓力。學生對「再不見雷峯」使用了「甲乙乙甲」的架構名詞，屬「流行歌」之用語，十分明顯易懂。而「鄉愁四韻」能用範文使用之「重章疊詠」明說，也懂得以「詩經」爲其聯想，可見平日範文學習之仔細。對「再不見雷峯」的取材，能夠敏銳聯想至白素貞與許仙之傳說，並由此找出其詩之主旨、背景，相當不容易；惟在「鄉愁四韻」之取材中，只提及其取材具「中國意象」，卻未能明說這類意象之建立之因果，說明不免顯得模糊。

【題目三】

李白在盛唐有詩仙的譽稱，下列這兩首大家琅琅上口的詩作，因版本不同，呈現不同的韻致。試自下列兩首詩中，選定其中一首，分析題目中提供的兩種版本不同之處，並以「鍊字」及「意境」二方面，解說不同版本孰者爲優？

黃鶴樓送孟浩然（敦煌本）

故人西辭黃鶴樓，

黃鶴樓送孟浩然（流傳版）

故人西辭黃鶴樓，

煙花三月下揚州，
孤帆遠影碧空盡，
唯見長江天際流。

靜夜思（流傳本）

床前明月光，
疑是地上霜，
舉頭望明月，
低頭思故鄉。

煙花三月下揚州，
孤帆遠映綠山盡，
唯見長江天際流。

靜夜思（明朝本）

床前明月光，
疑是地上霜，
舉頭看山月，
低頭思故鄉。

〔習作指引〕

第一首的兩個版本不同的部分在於第三句中，「遠影」、「碧空」與「遠映」「綠山」的差距；其中「影」與「映」；「空」與「山」的平仄皆相同，聲韻上沒有差別；但鍛字與意境的差距便相當明顯。比如，「碧空」寫出氣候高爽，描敍秋季較爲合宜，而此詩季節爲「三月」，故「碧山」較爲合適。而「孤帆」與「遠影」皆指同一物件的名詞，意念重覆，不如「遠映」的動態，將孤帆逐漸移遠的意趣來得豐富。

第二首的兩個版本不同的部分也在於第三句，但只有「望明月」與「看山月」的不同。其中「望明月」只有點的呈現，不如「看山月」有深度與層次感。山月的立體空間，使得全詩由「明月光」的點，移到「地上霜」的面，最後成了立體空間的山月，最後再推到「無法看到故鄉」這個無窮遠處，結構才能呈現由極小而極大的空間秩序，整體意境更見渾厚諧合。

這個題目只需要將說明提及的項目一一提列解構，學生便可以作出分析與判斷。

【題目四】

下列文章選自《新遊牧族》一書，試分析此篇文章之結構與取材。

屯積人生的乾糧

橫亙在我們眼前的，是一個變動不居的時代。鄉村人口紛紛移往大都市，都市人又不斷搬遷到更理想的住宅區。上班族努力求升遷，不惜相互傾軋，彼此排擠，跳槽轉業也成為司空見慣的現象。在工商社會裡，競爭、淘汰、變化，乃是不可逃避的命運。

「人面不知何處去，桃花依舊笑春風」，正是冷酷而又諷刺的現實寫照。

面臨這樣一個風雨飄搖的大環境，你是不是心存畏懼？你會不會緊張莫名？你有沒有徬徨不安？

其實，只要事先有準備，就可以安然前進。

遊牧民族在遷徙之前，一定會備妥乾糧。換成現代人的說法，就是要擁有財產。

有形的財產包括儲蓄、房地產、投資、保險等。它能保障基本的生存，同時給與我們相當的安全感。

管理學者馬斯洛將人們一生中追求的主要目，標區分為五大類。最基本的是生理需要，然後是安全感、歸屬感、尊重、最高層次是自我實現。

我們在工作生涯中，第一步就是要滿足自己的生理需要，並且獲得足夠的安全感。

囿於傳統的士大夫觀念，許多人至今避諱談錢，甚至不屑於處理金錢。然而，生活在動盪不安的現實社會，財富就和乾糧一樣，可以確保生命安全，進而繼續尋找更肥沃的水草田，實踐人生理想。

我有一位朋友，在年輕的時候，就悟到儲存乾糧的重要。他一方面上班，一方面將薪水做各種投資，等到他的財產累積到四千萬台幣——這是他自訂的目標一百萬美金，他就立即辭去上班的工作，將一部分錢繼續投資創辦事業，另外開始享受優游的退休樂趣——這也是他最大的心願。而他宣告提前退休的時候，只有四十二歲。

有多少人能在四十二歲退休呢？又有多少人能享受半輩子自由自主的生活呢？從今天開始，我們都應該學松鼠積存胡桃，努力屯積過冬的乾糧。（黃明堅）

〔習作指引〕

面對這類題目，學生除了對一般常見的筆法，必須先有基本的概念，更必且對這些筆法能夠加以應用。然而，即使可以適當套用常見的賞析角度及術語，（如：主觀、客觀、陽剛、陰柔、理性、感性等等），依然忌諱套用陳詞，使得賞析文字陷入籠統混沌的泥淖。選文有理有例，若將作者隨興的分段收攏而視，其脈胳起承轉合，依然可見得其具體且傳統的結構安排。

四、結語

英國詩人奧登教夢想作詩人的人一套方法，其中有一項便是「圖書館不設文學批評的書，學生自己學做評論。」這主張想必是要學生嘗試獨立思考，再藉由此思考培養鑑賞工作，增加學生寫作的能力。

較爲老派制式的教學方式習於注重記憶與理解，這種層級教學與測驗，可能將學生的欣賞能力完全扼殺。有的時候，讓學生當個評論家，引導他們去判斷美、評論美，讓學生能夠擁有美的嗅覺與味覺，久而久之，也將能夠擁有美的視覺與感覺了。

教師們必須了解：接受基礎教育的學生當中，未必個個都有天分與熱情去創作文學作品，而大多數的學生進入專門學術研究的大學教育之後，文學在絕大多數的學生生命之中，將只存在欣賞的功用。因此懂得發現文學美感的賞析能力，重要性並不低於培養文學的創作能力！

西方國家的美術課並非以教導學生各種繪畫技巧爲主，反而將「名畫欣賞」列爲主要目標；他們的音樂課亦非以教唱爲主，卻是以「名曲欣賞」引爲重要課程內容。創作藝術絕對需要天分，但是欣賞藝術只要「引導得宜」便能達成。或許中學國文教師的教學在這種走向之中，可以發現另一處桃花源。

誰說了算・一個題目各自表述

——談「論辨」

一、說明

所謂的論辨類作文，是在題目當中提出「相反或相異」的論辨兩端，要求學生必須擇一表明立場，申論己見。面對這種題目，學生必須以一名「辯論者」的姿態思索，除了對自己思想作一番覺悟與考核外，更要求作到駁倒對方的觀點。在針鋒相對的兩端中，提出自己支持的觀點，達到分清是非的目標。如〈八十九年大學入學試題〉的短文寫作，便是此類題目：

> 根據最近的一份調查顯示：
>
> 如果在「金錢」與「時間」中要作一個選擇，世界上有百分之五十二的人都

會選擇「錢」；但包括印度、菲律賓、泰國、越南等許多亞洲開發中國家的人，卻希望擁有更多的「時間」而非「金錢」。

如果讓你在兩者間選擇其一，你會選擇什麼？請寫一篇二百字左右的短文，說明你的選擇與理由。

再如〈八十七年度大學學科能力測驗〉的作文題目，亦屬此類：

「喝雪碧，做自己」、「堅持品味，卓然出眾，伯朗咖啡」、「特立獨行，Lee牛仔褲」、「給我Levi's，其餘免談」

這些廣告詞背後都透露有趣的思考：一方面鼓勵消費者羣起倣效，好讓商品普及化；一方面卻又强調商品獨樹一格，只有眼光不凡的消費者能欣賞。追求流行究竟是勇於表現自我？還是容易迷失自我？請就「追求流行，表現自我」或「追求流行，迷失自我」爲題，選擇一個立場提出你的看法。

請注意：在文章中必須選個立場議論，不可正反兩面皆論。

由上列二例可知，這類題目的正反兩端，切入點截然不同，除了藉此測驗學生的論說辯駁能力，更可以使學生藉由思考、發掘，建立個人的人生觀。在語文表達能力的各類題型之中，是與人生哲學最爲貼近的一種類型了。

二、教學指南

「論辨」以「論說」的能力爲闡述己見的主要依據，故而與論說文相關的語文表達手法自然十分重要。也就是說，必需藉由引用、例證，對比，層進，類比等論證方法，加强文字力量，就題面做深入且多角度的剖析。

同時，也要注意，這種題目既然稱爲「論辨」類，必然與傳統的「論說」型式有所區隔。這類題目格外重視對題目利弊相對的分析能力，而抓準相對言論要害，呈現出個人鮮明的是非觀念，絕對是寫好這類文章的前提。

這一類題目中提供的相對觀點，必定各有其合理因素，也必定各有其可議的成分，學生應取己所長、遺棄所短，這也就是古人所稱的「能立能破」。所謂「能立」，指能夠在文章中提出自身立場，而「能破」則同時指「了解自己立場的罩門，破解他人疑問」及「了解相對立場的罩門，破解他人的說法」，古人所稱的「翻案文章」皆屬此類。如：歐陽修在〈縱囚論〉一文中，不但能立己見，提出政治上必須「不立異以爲高，不逆情以干譽」的見解；他更針對一般人都可能有「恩德入人之深，而移人之速，有如是者矣。」的想法，以「太宗之爲此，所以求此名也」除破一般人的迷思。「能立能破」，正是這類文章必要的能力。

「論辨」的題目在說明之中，必然有一段文字或一篇文章藉以引導，命題者必須掌握「提供相異兩端素材」的特色，才不致於與「情境作文」、「引導寫作」或「閱讀心得」等類別相混淆。

三、分類

「眞理愈辯愈明」，因而，世間無事無物不可以「論辨」。本篇以「提供素材」的不同，將之粗分爲四大類：

㈠論時事

【題目一】

成大MP3事件發生以後，在國內掀起「MP3下載應否付費」的議論風潮。在台灣，目前尚未得見任何法令規範這個新科技產物，因而至今「無料」伺候；而在日本，則必須付費後，才得以合法下載。你對於「MP3下載」應否付費採取什麼態度？不管支持付費與否，請選擇一種立場，表達意見，說明理由。題目自擬，字數在四百字左右。

〔習作指引〕

廿一世紀被稱爲「e世紀」，所有與網際網路相關的事件，層出不窮。這個題目可以測知學生是否關心當代社會之脈動，同時，也能藉此題重新評估學生個人的價值判斷及道德感。學生寫作時，可以由「公平」或是「網路自律」等觀點切入。

〔例文一〕

新世代的e態度

「使用者付費」是人人都該具備的常識，既然我們知道看電影、吃餐飲、坐車、買衣服等行為都應該付費，那為什麼還有人可以大言不慚的說：「下載MP3歌曲毋須付費」呢？

「正版CD太貴！」是普遍用來支持那些非法下載的理由，可是為什麼那些人買數千元衣服、上萬元手機時都不眨眼，面對僅三五〇元不到的CD卻一直皺眉？大信唱片老闆說：「我做唱片，江蕙一張要七八千萬，你這樣給我非法下載，不等於侵占財產？」下載不付費是犯罪的，美國最大的MP3網站日前已經遭法院強制關站了，理由便是「非法侵占唱片公司財產」，既然是犯罪的，就應該杜絕。

當創作者為新作品苦心思索、勞心勞力時，有人享受著從電腦中傳出的悠揚歌聲。其實，只要將下載MP3制度化，應可以取代CD必要的宣傳費，唱片公司主動將合法MP3放在網路上供人試聽，或花錢下載。隨著時代的演進，科技進步，上網人數激增，MP3的人數必定一日千里，在眾勢所趨之下，MP3下載收費制度化，是未來一定要走的路。

MP3的確是新時代用來儲存音樂的趨勢，這個軟體程式本身沒有錯，錯的是下載但不付費的人。台灣的MP3才在幼兒期，所以我們絕不能將之導入歧途，必須儘速訂出合理、合法的下載制度，讓大眾接受。「付費下載MP3」是急需灌輸的概

念，付錢換取他人智慧心血是再合理不過的，絕不能貪圖小便宜而知法犯法，這不是一個活在新時代的人該作的。（簡辰緯）

〔簡析〕

首段提出各種「合理付費」，以對比出「MP3不付費」之荒謬；第二段以「設例」行文，將一般人的錯誤觀念批駁一番；第三段針對MP3提出一項唱片公司與消費者雙贏的建議；第四段則回應題目，重覆述說新時代之正確觀念。起筆簡潔，內容中肯有力，合情合理，極能引起共鳴。

【題目二】

請閱讀以下情境敘述，並依指示寫作：

英國女王伊莉莎白二世在英國南部諾福克桑令罕莊園中飼養數千隻雉雞供皇室家族在狩獵季節射獵。十一月十八日英國《星期日鏡報》報導皇室的獵犬將一隻被射傷的雉雞叼到女王伊莉莎白二世面前時，她看到雉雞一息尚存，於是彎下腰從獵犬口中拿起抽搐的雉雞，就迅速用雙手扭斷牠的頸子，隨後將雉雞屍體交給隨從。那篇報導特別說明：那隻雉雞並非女王所射傷，同時也刊出女王在扭斷受傷雉雞頸子的照片。

英國女王的這項舉動雖然立即結束了雉雞的痛苦，然而她冷酷的動作卻又顯得如此殘酷，對於她這項舉動，你是贊同呢？還是反對？請就贊同或反對的立場擇一，自命題目，撰寫三百字以上的評論文章。

〈成功高中高二期中測驗〉

〔習作指引〕

這個題目提供了學生對於「人與自然」、「重視生命」的審思議題。在批駁時，也可直接駁對方的論點，可以從證明對方看法沒有根據，或根據錯誤的部分入手，以揭露對方的不合邏輯，自相矛盾。

〔例文〕

生命

咖啡杯忘了洗，放在桌上，不一會兒，就來了一隻隻螞蟻和你共享香醇的滋味。這時候，你會很氣憤地把這些小生命一一摧滅，還是默默地把杯子拿走，看著它們靜靜地離開呢？

在這個世界上，無論處於何時、何地，都有一些生命與人類共存著，它們有大有小，雖然有一些是令人反感的，也常做了一些令人不舒服的事，但它們大部分都是沒有惡意的，它們的作為只是想要多吃一點東西，多吸一口空氣，來維持生命，絕非有意要去侵犯人類。反倒是人們常因為一時的衝動，親手結束掉它們的一生。

生命是偉大的，人能活著就是生命的象徵，它讓我們有感覺，能感受身邊的一切事物，能體會各種道理。生命讓世界充滿了活力，讓大地不再死寂，所以，每一生命都有其存在的價值。而生命是稀有的，雖然地球上到處皆可見得，但在浩瀚的宇宙中，目前我們所知的生命也只有在地球上有。珍貴的生命，被人們拿來取樂，說殺就殺，稱為萬物之靈的我們，對生命真是太不尊重了。

如果人類肯以看人的角度來對待動物，我想，世界上就不會有物種絕種，濫殺的問題了。（林君翰）

〔簡析〕

說明中要求寫「表示贊同或反對」的「評論文章」，便已限定了全篇應以「論辨」的手法進行。本篇文章以抒情方式呈現，文字固然清新，然而「批駁」的重點仍未能精準掌握。尤其通篇未見「針對該篇報導的評論」，最是敗筆。

【題目三】

台北市立各高級中學在教育局主導之下，自去年起，對學生施以「每學期八小時公共服務課程」的要求。希望開啓學生擔任志工的種子。試判斷這種課程設計合宜與否？你是贊成或是反對這種課程設計？請寫一篇二百字左右的短文，說明你理由。

〔習作指引〕

這個題目頗切合當今學生的生活。相當多的中學與大學皆有「公共服務」的要求，然而，在學生親身體驗之後，仍可更爲深切的見得其中利與弊。例如，學生可能見到自己周遭的同學找鄉里長蓋章的敷衍虛應，也可能在個人處身的公義團體中得到人生不同的領悟。這些切身的事件，表達贊成或反對時，更能夠將情況舉出，將理由詳述。

【題目四】

一九九七年三月，複製羊「桃莉」成功的誕生於英國，再次實現了人類違抗自然規律的美夢。然而這個驚人的複製技術，到底是爲人類建構出一個美麗的新世界呢？還是製造更多倫常與道德的衝擊？下一步，科學家們應否朝「複製人」的技術發展？試就此議題，選擇「贊成」或「反對」其一，提出議論陳述。

〔習作指引〕

當時代的巨輪輾壓而過，新的發現與傳統的思維常有衝擊與磨擦。愛因斯坦的科學，製造出破壞力特強的原子彈；居禮夫婦的鐳射，將醫學科技推進一大步。這些事例皆可見，每一位科學家的探索工作，關係著全人類的發展與地球村的結構。有慧眼的學生，必須在充分思考之後，更也須藉助平日對新知的關切，才能合理推斷出個人的結論，再進而用明確的文字剖析其利弊得失。

(二)論史料

【題目二】

在《三國演義》之中，羅貫中將諸葛亮塑造成三國時代最爲耀眼的天才謀臣，陳壽在《三國志》中卻批評諸葛亮「連年動眾，未能成功，蓋應變將略，非其所長歟？」你對於諸葛亮的功過，看法爲何？請選擇「正面」或「反面」其中一種立場，表達意見，並說明理由。題目自擬，字數在四百至五百字左右。

〔習作指引〕

不論在那一個版本的國文課本，三國時代人物的內容依然高居排行版的首位。因而，任何討論三國人物的題目，對學生皆不算難事。尤其是孔明的事跡，更是學生詳熟的部分。對於這個人物，同學各有各的看法，本篇文章不但要說出看法，更要能精確舉出事例，才不致於流於人云亦云。

〔例文〕

自視太高的後果

一齣精采絕倫的戲，必有落幕的一刻；一首動人的樂曲，必有曲終收撥之時。人生在世，不過數回春秋，任何想成就大事的人，必受到時間的限制，所以如何將個人的事業遞傳而下，自然重要，古人即言：「欲成大事者，必先尋其替身。」

諸葛亮以平民之身，協助劉備入蜀三分天下，之後平定西南、蠻夷臣服，武功之盛，應變將略之才，自然人人目睹；然而後期面對曹魏，卻連年動眾，不見戰功，難道是才略不足？這實在是個人自視過高所造成的。試想，諸葛亮以一身一軀，任一國宰相，自內政至外交，乃至於國防攻戰，全然一人兼管，部眾個個仰其才而日漸疏於事責，能不養成「少做少錯」的苟且心態嗎？如此看來，「一人」的蜀國，又如何攻克「團結」的魏國呢？

小自一個公司，大至一個國家，領導者的統御能力比個人才華更為重要。能夠與部眾並力合作，互相信任，才是成大事之道。奇美董事長許文龍一週上班不到二十小時，只作居中調配與大事計畫，其他時候，信任自己遴選的部屬，任由他們適才發揮，無為而治的作法，成就了龐大的奇美實業，這便是諸葛亮無法望其項背的。

諸葛亮在位多年，內政外交國防一人獨斷，一旦身故，留給蜀國羣龍無首的處境，導致一遇侵略，舉國慌竄，不戰而降。這豈是諸葛亮應變將略不足之罪？不！這實在因為他自視太過，不信任屬眾之過啊！（許正揚）

〔簡析〕

多數同學由陳壽之語發抒看法，不免受囿；本篇能另創一徑，走自已的路，又不違反題目的要求，實屬獨到。一篇史論中，能夠以當代之事例入文，不僅「論了史」，更提供一個「舉賢共圖大業」的期望，文章格局的確不同。

【題目二】

請閱讀以下敍述，並依指示寫作：

> 堯之王天下也，茅茨不翦、采椽不斲，糲粢之食、藜藿之羹，冬日麑裘、夏日葛衣，雖監門之服養，不虧於此矣。禹之王天下也，身執耒臿以為民先，股無完膚、脛不生毛，雖臣虜之勞不苦於此矣，以是言之，夫古之讓天子者，是去監門之養而離臣虜之勞也，故傳天下而不足多也；今之縣令，一日身，死子孫累世

絜駕，故人重之，是以人之於讓也。輕辭古之天子，難去今之縣令者，薄厚之實異也。

（《韓非子・五蠹篇》）

韓非子提出堯舜雖王天下，但享受與低等人的享受差不多，勞苦也差別不大，因而很容易禪讓，因爲能享受的東西少，要放棄並不困難；而戰國時代的縣令，享受權力大，而且家族一同共享，故無法輕讓此權位；由此推斷「實際利益造成不同的行爲」。對於這種看法，你是贊同呢？還是反對？請就贊同或反對的立場擇一，自命題目，撰寫六百字左右的文章。

〔習作指引〕

以儒家的慣常思維看這個題目，可能驚悚；然而以當今同學的民主觀念與西洋文化認知，批判「堯舜禪讓」未必困難。學生可以從「理想的人性」或從「現實的人性」切入主題，或正或反的處理這個題目。然而，必須記得勿因個人對「古思想」的反動，使得文章流於反古批古的情緒化思惟，以免偏離「論辨」文章對客觀理性的基本要求。

(三)論名言俗語

【題目一】

愛迪生說：「成功是靠一分天才，加上九十九分的努力。」新加坡國父李光耀先生則說：「一個人成就的塑造，近百分之八十來自遺傳，大約百分之二十取決於你後天的栽培。」愛迪生的言論強調了努力的重要，李先生的言論則強調了天才的決定性。就你的認知而論，在成功的目標之下，「天才」與「努力」的成分，孰者爲重？請選擇一種立場，表達意見，並說明理由。不必擬題目，字數在三百字左右。

〔習作指引〕

愛迪生的這一句話，常被用於鼓勵學生勤勉努力，然而，學生在求學的路上，依照個人的經驗，未必認同這種說法，然而李先生所言，則多少令出身中下的人洩氣不已。高中生在個人求學的過程中，對這兩者的差異，已有部分體認。認同「努力」觀點的學生，可以舉許多「人一能之己十之」的言例；認同「天才」觀點的學生，則有諸多知名的人士爲例。然而，在行文之時，固然不要人云亦云，也千萬不可語帶偏激，危言聳聽。

〔例文一〕

每個人的身上，都有著個人所擅長的方向：有的人五歲能屬文，有的人活到老也擠不出半篇通順的文章；有的人從小就對數字敏銳，能夠推演完美的定理，有的人則連加減乘除都不能得心應手；這就叫做「天分」，這是天註定的。以前些日子才來台灣的湯姆克魯斯而言，一舉手、一投足所散發的氣質與魅力，及迷死人不償命的笑容，難道可以力強而致嗎？

西方科學家—牛頓，從一顆擊中頭部的蘋果推演出萬有引力，並寫出微積分的數學方程式讓當代科學家大吃一驚；愛因斯坦的相對論，圓滿解釋了力學與電磁學等讓人很陌生的學問領域。這些革命性的理論，難道是普通如你我可以「創作」的嗎？

這些「天才」的成就，造就了現今便利且快速的社會，雖不能否認他們必然經歷一番努力，但，如果沒有那分完美的天賦的頭腦，如何能夠成功呢？（徐瑜臨）

〔例文二〕

荀子有言：「騏驥一躍，不能十步；駑馬十駕，功在不舍。」中庸也說：「人一能之，己十之，人十能之，己百之。」這些言語都在闡明努力的重要。但是，翻開歷史的書頁，從「重瞳」的項羽，到「能識之無」的白居易，以及牛頓和愛因斯坦，這些不得了的人物，卻個個是天才。對這些雄峙一方的佼佼者而言，努力只是一種輔助，一片陪襯的綠葉罷了。

許多人以為，只要用無數的努力，也能夠與天才並駕齊驅，這就像凡人想要學習神仙的飛行一樣的妄想；倘若所有的人，不論聰明與否都可以在丹青之中占一席之地，又何來「偉人」之有？因而，世上註定要有天才，也註定會要凡人。

孵鴨蛋的愛迪生和取笑他的同學受著同樣的教育，但發明電燈的依舊是愛迪生，正因為他是天才，才有那「靈光」，一瞬間的「臨門一腳」；蘋果只有落在牛頓頂上才有萬有引力的定律，落在我的頭上也不過一聲痛而已。建安七子的時代，和他們一起接受同樣教育，付出同樣努力的大有其人，但只有這七人有成就，這不是天才的先天優勢嗎？對天才而言，努力是錦上添花的工具。（張君豪）

〔例文三〕

真正能讓一個人有所作為的決定因素在於他的態度。只要有鍥而不捨的信念，再加上勇往直前的勇氣，成功的甜美果實才有可能結成。

天才固然比平凡人占優勢，他們就像加滿油的發電機，只要將開關打開，便可以發動；而平凡人則必須辛苦的把沈重的油料加入機械之後，才能啟動。然而，一事無成的人，往往不在於其天資，而在於他們得過且過的性格，他們對任何事不抱熱誠，或一遭挫折，立即萌生退意，這個要不得的個性，使得天才也無用武之地。

杜甫不如李白那麼天縱文才，但靠他的努力，留下了膾炙人口的好篇章，依然能與李白齊名。天資是一塊璞玉，只有後天的努力才能磨光，努力，仍然是每個人在追求成功時，絕對必需要付出的成分。（張耀軒）

〔簡析〕

「例證」是論說文章的核心，確實的證據能夠輕而易舉地說服他人，說明自己主張的正確無誤。上列三篇例文，皆能選擇有意義的言例及能貼合文旨的事例入文，使得文氣豐沛，讓閱讀者自然而然的接受文章所敍之論點。

【題目二】

古代的東方社會相信「棒下能夠出孝子」，嚴厲的庭訓全因爲「愛之深，責之切」的深情背景。以你對家庭功能與家庭教育的認識與體認，你贊成這種說法嗎？請選擇贊成或反對一種立場，表達意見，並說明理由。不必擬題目，字數在三百字左右。

〔習作指引〕

舊時東方社會習慣以體罰達到教導的目的，這種親子關係，在歷史上也確實造就不少高成就的人物。現今有些家庭西化較深，親子如朋友；而依然有些家庭保守、傳統，對女子較為嚴厲。學生必然可以在個人生活周遭找到相當多的實例，得以支持個人的立場。

【題目三】

荀子說：「蓬生麻中，不扶自直；白沙在涅，與之俱黑。」俗語亦云：「近朱者赤，近墨者黑。」這兩段文字皆明示著環境對一個人的影響力十分深遠。就你的認知而論，你贊成這種說法嗎？請擇一種立場，表達意見，並說明理由。不必擬題目，字數在三百字左右。

〔習作指引〕

自古，孟母三遷便為「好環境為成功之本」作了一次示範，中國教育十分認同「環境」對人可能造成的影響。然而，在西方種種英雄事跡傳入之後，「人可以決定環境」的自信也成了新興的看法與觀念。本篇文章由贊成的立場寫，可能不易跳出固定的見解，或由不贊成的立場寫，雖可有多些創意，然而例證擇取未必容易。

不論選擇那一個立場，論點必定要鮮明，不可模稜兩可。務必强調出自己觀點的正確，也要表現出相對立場的荒謬、不周延。

㈣論人生觀及價值判斷

【題目二】

根據最近的一分調查顯示：

如果在「學力」與「學歷」中要作一個選擇，世界上有百分之五十二的人會選擇「學歷」；但包括：美國、西德、英國等許多歐美已開發國家的人，如比爾蓋茲，選擇創業而非「學歷」，很多人希望擁有「學力」而非「學歷」。

如果讓你在兩者間選擇其一，你會選什麼？請寫一篇二百字左右的短文，說明你的選擇與理由。

〈台北市立成功高級中學八十九學年度第一學期第一次模擬考題〉

〔習作指引〕

作文可以呈現出一個人的個性與人品，「學力」指的是與「有形的學歷」相對比的「學習所累積的無形的能力」，萬萬不應誤解爲「向上學習的力量」。選學力的，可以用「學歷未必與能力成正比」、「學歷只爲了盲目的追求成績」、「學力是學習所得的實用成果」的角度處理；選學歷的，則可以用「學歷是用人的指標」、「高學歷等於高能力」、「學歷是進入工作領域的門檻」、「有學力者未必能有如比爾蓋茲的際遇」的主題切入。同時，這個題目未設定二分法，也不可以有「有學歷必定沒有學力」的評斷。

〔例文二〕

「學歷」與「學力」二者，我會毫不考慮的選擇學力。為什麼呢？學歷是死的東西，充其量只能代表一個人曾在那裡讀過書而已，並不能完全證明一個人的能力。電影「心靈捕手」中有一句話：「你用一萬美金在哈佛大學買來的知識，我可以用一塊錢在圖書館得到。」說得真好，高學歷並不能與高學力畫上完全的等號。學歷只是一個標籤，有時甚至有「有效期限」呢！（周志豪）

〔例文二〕

在現今這個講求包裝的時代，我想，「學歷」會是我當然的第一選擇。在工商社會中，包裝是使人下決定的最高準則；主要錄用一名新進員工之前，最先考慮的必然是「學歷」——你不用花時間了解他的生平或刻苦自修的經過——學歷就是人最佳的包裝。即使這個想法太現實，但亮麗的學歷包裝確實是推銷自己進入社會的好方法，畢竟能夠取得好學歷，也不至於是個草包。（郭庭翰）

〔簡析〕

上二篇例文中，前一則選擇「學力」，雖僅使用了電影的對白爲例，然而說服力依然強大；後一篇使用設例，將現實情況描寫得詳盡。二篇皆能簡而賅要的提出自己的看法。然而，若能有更酷炫的實例，使用明引手法，如：李遠哲院長曾說：「學歷是這世上最不值錢的東西。」；或使用更精準的修辭達意，如：「學歷高並不代表成功，但至少是成功的開始。」，將讓文章的表現更爲搶眼。

【題目二】

有一位普通高中的樂隊樂長，在數學科的期考時，因看不懂考題，就在試卷背後畫巴哈音樂的五線樂譜。最後，他在正面的空白處寫著：「致數學老師：試卷前的東西，你懂我不懂；試卷後的東西，我懂你不懂，我們扯平。」

上述的故事，道出高中學生在課業與社團中掙扎的狀況，這也是一般人必須面對有關「業內知識」與「業外常識」時間分配的問題。就你個人的了解，「業內知識」與「業外常識」孰重孰輕？請在兩者間選擇其一，並寫一篇二百字左右的短文，說明你的選擇與理由。

〔習作指引〕

就高中生而言，「業內知識」便是他們須交差的各科課業，這個對升學有絕對影響力的部分，自然會有不少同學選擇，但必須留神不要只從現實層面寫及，如此易落入「過於功利」的偏失之中；而常讓學生無法專心課業的「業外常識」指的是學生的興趣，對熱衷社團活動而引發各種大小爭吵的同學而言，也將有很多的話可以說，但也必須留神，若只表現出

「只要我喜歡，什麼都應該可以」的態度，也將落入「過於理想，少了想法」的毛病。

【題目三】

世界衛生組織在八十九年的年度研究報告中指出，廿一世紀因爲生活壓力激增，憂鬱症將成爲人類第三大死因。壓力似乎成了新黑死病，然而，就聯合國對全世界各個國家作的統計，自殺率居高不下的國家，居然是社會福利健全，社會經濟穩定的丹麥及瑞典，這些國家的人民居然是因爲生活少了壓力、沒有目標，深感無趣，才走向自盡的路。請由上兩個統計狀況思索，生活中「壓力是助力還是阻力」？請選擇一種立場，表達意見，並說明理由。不必擬題目，字數在三百字左右。

【習作指引】

談論自殺、壓力、憂鬱，是現今社會的顯學，「教人們快樂生活」的閒談書籍，高居書店的暢銷排行榜。讓學生思考壓力，應有助於讓他們了解壓力、接受壓力。坊間談抗壓力的書不少，其他諸如：石墨受壓成璀璨的鑽石、或是有壓力時，各朝代的開國君王成就王業，不再有壓力之後，王業也因而衰退等等的例證，皆可以入文。

四、結語

在現今時代，政治宣傳是一種傳播與說服、商業廣告也是一種傳播與說服，在媒體中，各式各樣的談話性節目中，不難見到這些「論辨」的身影。即使只是小團體中人與人的共處中，自得地說明自己、說服他人，也是不可少的活動。

論辨類作文未必需要分析什麼是絕對的對，什麼是絕對的錯，而是在針鋒相對的議題中，檢視學生是否具有敏銳的思想，建立鮮明的是非觀念，同時檢視學生是否能夠自在的運用文字表明立場。因此，命題時，必需提供一正一反相對甚至相反的立場，以供學生作「各說各話」、「是己之是，非人之非」的背景。

每個人都活在自己建構的觀念世界裡。不論是人生觀、價值觀或是宇宙觀皆可在種種論辨情境設定之中表現而出。既然人生是個連續性的過程，生命累積的效果便應是我們該重視的學習目標。若在受教過程中，建立了過度刻板的判斷力與價值觀，那麼這些學生在投入多變的社會之時，將進退失據，手足無措。

論辨類作文在題目中提供學生一些兩難的情境，也等於提供學生作不同角度與面向的思索，更而甚者，他們的生命密碼也將經由對深度不同題目的詮釋與選擇，逐漸設定而成。

得魚「有」筌・精采抓得住

——談「引導寫作」

一、說明

自民國八十三年大學多元入學管道試辦推薦甄選入學考試迄今，傳統命題式作文漸被揚棄，新題型作文不斷在嘗試、研發中，可謂方興未艾。在這股潮流中，最能居於「承先啓後」的地位，且易於取材命題、推陳出新的作文型態，自非引導型作文莫屬了。影響所及，這一類作文幾乎已成國內各種升學考試，以及校園中段考、模擬考的最愛。據筆者蒐集近三年來全省高中的作文試題看來，引導型作文顯然爲最大宗，特別是配分較重的正式作文（相對於短文寫作或其他搭配性的語文訓練而言），幾乎高達九成爲引導型寫作！其重要性可見一斑。

什麼是引導寫作呢？

顧名思義，相較於傳統的命題作文只給一個題目，底下「沈默是金」，任君發揮的型態，它畢竟多了一段或短或長的引導文字，目的在引起學生的動機，規範書寫的範圍，啓迪學生的思路，或依文字所提供的情境去思考某一切身的主題。引導的文字可以是簡單的幾句說明或提示，也可以是一則新聞或一種現象的描述，或來自課本教材，或徵引古今中外名人的一段話……等等不一而足。不論材料爲何，它讓學生在下筆之際，有所依據或遵循，不致漫無標的、憑空揣想，這是引導型寫作最重要的精神所在。

簡言之，引導寫作具有下列特點：

㈠經由所給材料，提供相當的書寫情境，爲傳統命題所缺乏者。稍具程度的考生藉此可以舉一反三，結合自身經驗略加規畫，雖未必是「援筆立就」，但書寫完篇絕非難事。程度中下者，亦能「望文生義」，對題旨及書寫方向稍有概念，不致搜索枯腸不得一字。

㈡寫作方向明確，易於即席發揮，不致有離題之虞。若引文之後還附有提要式綱領，這意謂著文章架構雛型粗具，考生只須在內容深淺及修辭造句上費心，臨場作文的困難度與威脅性頓時減半。

下面要談談和「引導寫作」相關的「異名」，以及容易混淆的其他作文類型。

坊間對於此類有別於傳統命題方式的新型作文，其稱名和分類，各家有別，使用語詞的義界也寬窄不一。關於引導寫作，有稱之爲「給材料作文」、「半命題作文」、「定向式作文」……等。其次，常和引導寫作混淆的類型則有「情境作文」和「閱讀寫作」。另外，也有主張「引導作文」乃是一種綜合性的寫作類型，毋須獨立成一類，畢竟，大多數的新題型作文都附有一段引導的文字。

事實上，任何一種定義或分類都不可能圓滿無缺，只能盡可能就其命題的特色和精神加以區分，一方面讓習作者易於掌握其特質，不致混淆；另一方面，命題者能有所遵循或參考，才是主要的目的。關於「情境作文」與「閱讀寫作」如何有別於「引導寫作」，本書已有專章探述，此處不擬贅言。

所謂的「給材料作文」事實上是一個較大範疇的統稱，若不問提供的素材爲何（或文字、或圖片，或段落、或完篇），亦不論根據此材料如何加工，完成何種面貌的成品，那麼，它幾乎涵蓋了「縮寫」、「擴寫」、「仿寫」、「改寫」、「評論作文」、「閱讀寫作」、「情境作文」……等各類型。當然，「引導寫作」本身即屬「給材料作文」之一，但它强調的是：引導的文字旨在引起動機、啓迪思路，本身並非待加工的原料；其次，成品必須透過自身的思考、認知、想像或體驗，完成一篇獨立的文章，它絕非重組、接續或模仿原有的材料而已。簡言之，引導寫作並非語文訓練的一個環節，它整體的精神仍歸屬於創作。

至於「定向式作文」及「半命題作文」，前者著重於引導文字給予寫作者明確的方向，此項特色前文已指出。後者則强調命題方式可以採開放式或半開放式之特點，試看以下二例：

【例一】

試從你日常所見的一件小事，抒發你對教育或社會的看法。

1.「題目」自擬，文長不限。

2.寫作本文的原則是「以小見大」；從你所看到的一件小事，聯想到教育或社會上的大問題。

3.在寫作時，可以先簡要的談你看到的一件小事，然後再藉此小事發揮，談到更大的問題。

【例二】

每個人在生活中一定會遇到很多事情。有的很普通，不會在腦海裏留下什麼印象，隨著時間的流轉，它們漸漸被遺忘，以至消逝；有些卻不同，給你的印象特別深，即使隔了好久，也依然縈繞在你的心頭，時間的長河沖刷不掉它們留下的痕跡——這就是一件件難忘的事。比如：「一張撕碎的成績單」、「一份遙遠的祝福」、「一雙溫暖的巧手」、「一句刻骨銘心的叮嚀」……

選擇自己難忘的事，採用第一人稱，寫一篇記敍文。

1.必須標定題目。

2.文長約五、六百字。

3.必須分段，有完整結構。

〈八十九年彰化女中模擬考試題〉

例一提供寫作的主題範疇和原則，文字極精簡，命題則全然開放，文長亦不限。例二有段較長的文字引起動機，與學生溝通，主題應是「一件難忘的事」，但學生自訂題目時，必須具體地標明是何事物，這便是半開放式的命題作文。

二、教學指南

從傳統命題作文，過度到今日各式各樣「語文表達能力」的訓練或進階，「引導寫作」

堪稱是最佳的銜接橋樑。論命題技巧，它可簡可繁，往前一步，便可以變身爲各種新題型；作爲引導的文字，它可長可短，可以規範、可以想像、可以談心。說起材料來源，更是包羅萬象，幾乎隨手拈來，皆可「製作」爲適合學生發揮的好題目。據筆者蒐集近三年來所見的引導寫作題目，如從命題範圍及材料來源分析，約可歸納爲以下三項，藉此一方面可窺引導寫作的大勢所趨，另一方面更可提供自行研發命題的老師參考。

㈠抒寫自我成長經歷，規畫未來生涯計畫

這一類無疑是引導寫作中佔最大宗的題材，向來爲命題者所偏愛。十七、八歲的青少年，對過往生命經驗的記憶，以及對未來人生藍圖的描繪，是最切身，也最容易在適度的引導下有感而發。不管是從小必須不斷面臨的「選擇」、曾有過的「掙扎的痕跡」到「伴我成長的幾本書」；或是「尋找自己的位置」、「幸福是什麼」、「我的生涯規劃」到「我心目中的理想工作」……等，林林總總，無論在課堂習作或應考作文，皆是高中生最常被「質詢」的話題。這一類寫作，最忌學生空泛而論，不能與內在的自我眞誠交流，不但錯失了藉著文字做一次深刻省思的機會，與人生重要的課題擦身而過；而「言不由衷」亦是最要不得的習性，在作文教學上，行文技巧尚是其次，修辭如不能「立其誠」，一切書寫的意義終將歸於零。

㈡配合所學，結合時事或社會現象，抒發觀感

【例一】

《論語》言：「子不語：怪、力、亂、神。」孔子還告誡子路：「未知生，焉知死？」彰顯不尚迷信的態度；然而，今日媒體中常有「八卦命理」、「紫薇斗數」、「星座運勢」及「風水祖墳」之說，似乎與古人觀點不一。聯考將近，您是否也準備以准考證祈求神明保佑呢？

請以「命運」爲題，發表自己的看法，文長約六百字至八百字。

〈八十八年宜蘭高中、台南一中模擬考試題〉

【例二】

陳之藩〈哲學家皇帝〉一文中有言：

民主，並不是一羣會投票的驢。民主，確實需要全國國民都有哲學家皇帝的訓練。

羅家倫在〈道德的勇氣〉中提及：

林肯知道可以當選大總統以後，一聲不響的凝視壁上的一幅美國地圖，又嚴肅地獨自跪在地圖前面祈禱。

對照總統大選剛結束的臺灣，回想當初種種選舉過程，你有什麼感想？對臺灣的總統和選民，你又有什麼期許？

請避免特定的政治立場，但以客觀的角度，提出你個人的觀察和看法。

〈八十九年台灣省第三次模擬考試題〉

這類引導作文，一方面既是所學教材的延伸思考，又能結合學生所處大環境的脈動或變革，考核學生的不僅是寫作能力，更是「思」與「學」、理論與應用、小我與大我之間能否均衡發展，不偏不倚？平日有所關注、明辨，下筆之際才能暢言無礙，由小見大，文字天地中可以一窺學生的器宇與襟抱，絕非虛言。

㈢取材自日常生活體會，隨機觸發

【例一】

你曾因「溝通」不良，而造成誤會、尷尬的情況嗎？事情是否經良好的「溝通」，而獲得圓滿的解決？抑或因坦然、順暢的「溝通」，而避免了不必要的誤會。對於忙碌的現代人來說，適當而良好的「溝通」，似乎變得愈加重要。

請以「溝通」爲主題，自擬題目寫出你的看法。

〈八十九年武陵中學模擬考試題〉

【例二】

「你還裝？別假仙了！」這是我們常掛在口頭上的一句話；而「不要妝（裝）了」、「給我放自然一點」的廣告詞，也傳達了人們對掙脫面具的渴望。但我們眞的用不著

「假裝」嗎？不管是出於自願，或是迫於無奈，「假裝」有時的確很不應該，但有時卻又合情合理，勢所必然。

你「假裝」過嗎？是爲了掩飾你的錯誤、緊張？還是爲了符合別人的期望？你是需要時才「假裝」？還是一向在「假裝」？「假裝」讓你得到什麼？是自欺欺人的痛苦？還是利己利人的欣慰？

請以「假裝」爲題，寫一個關於自己「假裝」的經驗，內容應包括：你爲何「假裝」、你如何「假裝」、「假裝」時的心情、現在的感想等。文長不限。

〈八十八年大學入學推甄試題〉

〔習作指引〕

以上兩個例子都來自於學生日常的話題，與他們生活經驗息息相關。這類題目如不加引導文字，學生容易直接就理論上抒議「溝通」如何重要，「假裝」的利弊得失，結果只是對閱卷者闡述一種理念與認知，跟眞實生活中的自我是不相干的，這是傳統作文最令人詬病之處。因此，要學生由自己親身經驗出發，去描述、去感受、去思索，從而獲得眞心的領悟、普遍的道理。這種過程重於結果的寫作要求，是近幾年來中學生作文的大勢所趨，一味的論說畢竟太空洞太高蹈，令人生厭。要扭轉這種習氣，題目下的引導文字便顯得格外重要，學生在清清楚楚的告知下，不致於弄錯了方向。

例二的「假裝」一題，引導文字從流行語引起動機，到第二段的連下「八問」，就思路的啓迪與觸發而言，其實已經足夠；最後還附上內容應包括什麼的規定，似乎有些畫蛇添足，反而限制了中上程度學生自由發揮的空間。在八十九年試題中的作文「我最投入的事」、「我的嚮往」二題，也有同樣的情形。

其實，不管命題範圍及材料來源爲何，在撰寫引導文字時，其本質究竟是以啓迪學生的思路爲主？抑或規範學生的書寫方向爲要？取捨之間，對於引導者及寫作者雙方，是一個頗值得深思的問題。

三、分類

關於引導寫作的分類，頗有實質上的困難。由於其形式自由，定義太明確，則不足以呈現引導寫作的特色所在；未加規範，則不免與其他類型混淆不清。因此，本文僅就以下兩個簡單的原則作考量：一、引導型態的由簡而繁，從單一功能到完整的概念；二、考核重點及寫作目標的層次有別，而將引導寫作別爲「基本型」、「應用型」和「主題型」三類。各類的範疇、定義，在邏輯上或未能十分嚴謹，但藉著分類的探論，得以衡觀整體；透過不同型態的引導設計，能夠一窺未來引導寫作發展的契機——這應是分類最終的價值所在。

㈠基本型

這是引導寫作中最「原味」，最爲人所熟知的一型。它只是在傳統的命題作文之下，加上幾句簡單的提示或規定，目的在引起寫作的動機，把比較抽象的題目落實，或使題意較籠統的進一步確定其範圍。引導的文字大多是片段的、不成篇的。至於命題方式，一般爲固定，也有採開放式的。下面的範例和敍述，想必大家應不陌生吧！

❖例一：

以「教科書」爲題，發表你對從小學到高中所讀過的種種教科書的觀感。

❖例二：

從小，我們就必須不斷面臨「選擇」。選擇之事有輕重緩急大小之異，但對我們的生活無不產生影響。請就經驗中或所學知識，剖析「選擇」之事件、心態、情境與影響，撰寫成文，文長不限。

❖例三：

許多人都有傾注心力，投入某一事件的經驗，其原因不一而足：或出於興趣，或迫於無奈，或機緣巧合。請以「我最投入的事」爲題，寫一篇文章，文長不限。

內容應包括：

1.投入的對象。

2.投入的過程、心情。

3.投入的得失、感想。

〈八十九年大學入學推甄試題〉

【題目二】

生命起伏多變，曲折難料，失敗可能成爲絕望的眼淚；也可能是成功的根苗。請以「在生命轉彎處」爲題，闡述己見。

〈八十八年北區高中第二次聯合模擬考試題〉

〔習作指引〕

1.比起「從挫折中培養勇氣」這樣的明揭旨趣，或「風雨之後」以象徵的手法抒議，「在生命轉彎處」多了些抒情意味，以及一份回視自己生命歷程的期許。因此，若學生全篇以論說筆調來說理，畢竟是有些辜負了命題者的初衷。

2.當生命遇到挫折時，該以怎樣的心態去面對，如何撥雲見日，如何化危機爲轉機，仍是本文必須思考的重點所在。題目中的「在」字不宜輕忽，它意謂著：「當下」你的心情和感受，你的反應與抉擇，峯迴路轉，歷歷心路都要具實陳述。如果只泛寫「人生的看法」或你的「生命哲學」，即非離題，也絕不是本文所希求的。

【題目二】

世界上最美的景色，其實就在自家周遭，也許是牆影斑駁的小院，也許是晶瑩璀璨的陽光，也許是憔悴蒼老卻堅毅剛强的長者……。你看到了嗎？

請以「我的小港灣」爲題，寫一篇文章，文長不限。內容應包括：

1.住家周圍的自然景觀。

2.住家周圍的人文景觀。

3.我對鄉土的感情。

〔習作指引〕

1.此題重點應在描寫及抒情，「小港灣」乃是停泊休憩、歸屬的所在。「你看到了嗎？」一語提醒我們往往習而不察的毛病。引文的角度已揭示了「俯拾盡皆美景」的旨趣，學生習作之際，以這樣的眼這樣的心，重新巡禮日日行經的家居所在，必然大有「新」得。

2.提示的三點內容中，筆者以為所謂「鄉土的感情」，必然包含了「成長的記憶」，學生筆下除了景觀的描寫之外，應該有「我」在其中——我的成長、我的足跡。一條走了七、八年的巷子，一片小時嬉耍的竹林，經過時光的淘洗，對個人遂有著非凡的意義，感情緣此而生，而不是「愛家愛鄉」的那一套理論。此點在習作時不妨提醒學生：凡提示語中未言及的，恰是他們可以自由揮灑著墨的空間，下筆時，大可不必一板一眼、自縛手腳。

【題目三】

在這個社會中，我們常常可以發現：有人能捨能得，有人則汲汲於利；有人嚮慕風月自然，有人則珍視人間至情，而態度所以有如此之異同，肇始於個人對「財富」一詞有不同的體認，因而各有其處世之價值觀。

> 請以「眞實的財富」爲題，抒發己見。文長不限，段落宜分明。

〔習作指引〕

要學生在臨場作文時，突然面對一生「價值觀」的取捨，事實上，是一個難度頗高的挑戰。一般學生最容易標擧「健康」、「親情」、「知識」、「人間至愛」……等爲人生財富，繼而對世俗之人汲汲於追求物質的財富，提出負面的批評。不過，從學生習作的成果看來，「健康」與「親情」二題卻是易寫而難工！看似尋常的物事、感情，要能眞摯而深刻地訴之於筆端，誠非易事。至於選擇「知識」與「愛」，則比較容易流於通篇說理或一味歌頌。也有學生打「安全牌」，一併將上述主題全部納入，一段一個標目，這樣的人生果然十足「富有」！

總之，要寫好此題，對於「財富」一詞，學生必須有更深刻的反省、深思。如果選項仍不出上述範圍，那也必須有自己眞心的體悟過程見諸筆端，「眞實」二字才不致流於空論。

㈡應用型

此類最大的特色，在於寫作的目標偏重理解、聯想與應用。就命題的素材看來，主要來源有：透過學生熟知教材的理念或人、事、物，考核學生在實際生活中，類似的情境將有何思感、作為，生對教材內涵須能充分掌握，寫作時還要加上自己的想像力、觀察力。其次，乃是針對社會現狀或流行話題，要求學生抒發自己的立場或觀感，引導文字中往往也結合教材，看看學生能否將書上所學應用於身處的大環境中。試看以下範例：

【題目二】

武陵人作客桃花源，帶給山中人驚奇；魯智深作客桃花村，解了村中人的危機；徐志摩作客翡冷翠，使得「性靈上不長瘡瘢，眼不盲，耳不塞」；而你，是否也曾在山間、在水湄、在親友家中、甚或在古今不同的時空中作客，而帶來個人或旁人的驚悸或驚喜？請以「作客」為題，寫一篇文章。內容至少應包含：作客的緣由、作客的過程、作客的感悟……

〈八十八年高雄中學模擬考試題〉

〔習作指引〕

引導文字中居然可以從武陵人、魯智深到徐志摩，摘出共同的主題「作客」，讀過課文的人都知道，前兩篇人物的離奇遭遇，以及志摩的浪漫、恣意，這已預示了這篇「作客」至少不必太拘俗套、有名有目。當然，若實際生活中找不著比較「特殊」的作客經驗時，命題者已大方地爲你開啓「古今不同時空」的大門，你何妨一訪杜甫浣花溪畔的草堂，喚來鄰翁相對飲？或在隆冬將雪的傍晚，爽快地應白樂天之邀，一同烤火嘗新酒？還是帶著時蔬，趁著月白風清，趕上東坡與友人的赤壁之遊？……運用你的想像力，結合所學，穿梭古今時空，即使身處塵囂，你也可以不讓徐志摩的山中之遊專美於前呢！

【題目二】

現代人拜科技發達所賜，一般社會大衆物質生活充裕的情況，早已不僅止於豐衣足食而已。一種新口味的食物，可以讓我們大排長龍；一種新樣的玩偶，也可以讓我們爭先恐後，樂此不疲。直到時過境遷，新奇不再爲止。這種唯物是從，標新炫奇的戲碼，在我們的現代社會裡不斷上演。有人說，這叫戀物；也有人說喜新厭舊已經是我們大家的特權了。在這樣的戀物狂潮之中，我們該縱容自己的戀物心？抑或是節制自己的戀物心？我們該喜新？抑或是戀舊？我們該何去何從呢？

1. 請以「□□喜新，□□戀舊」爲題，試述你個人在戀物風氣中的自處之道。
2. 四個缺空，請自由填入你自己認爲最適切的字，將題目寫在題號之下。例如：作文題目——「既不喜新，也不戀舊」
3.至少必須舉一物爲例，寫出自己親身的體驗。
〈八十八年建國中學模擬考試題〉

〔習作指引〕

此題對當今社會流行的戀物風氣，有段極鮮明的描述。在台灣這塊彈丸之地，流行事物一如泡沫，此起彼落，不曾稍稍停歇。寫作的範圍，題目已經清楚標示：試述你在戀物風氣中的自處之道。那意謂著學生毋須空對社會現狀大加撻伐，重點是你將置身何處？你以怎樣的心態面對大衆流行胃口，以及擋不住的風潮？「物慾」其實是塡不滿餵不飽的，孟子的「養心莫善於寡欲」，老子的「五色令人目盲，五聲令人耳聾，五味令人口爽」，高中學生多能徵引申論；然而，試卷之外，往後漫漫人生的諸多誘惑，學生能否因此而有較高的免疫力？

【題目三】

日前一場嚴重的天災，家破了、人亡了——噩耗比比皆是。這時候，無論是否是受災戶的人們，都不免對生命的意義與定位有了一番新的省思，而同學們不久前也剛讀過胡適先生大作：〈社會的不朽論〉。現在便請以「生命」爲題，寫出自己對生命的看法與想法。文長不限，但不得少於四百字。

〈八十八年台南一中模擬考試題〉

〔習作指引〕

這是典型的時事命題。九二一震災對生命脆弱本質的考驗，對社會人心的衝擊，至今仍迴盪不去。而胡適〈社會的不朽論〉中强調「一切事物皆是不朽的」，「小我寓於大我中以不朽」，學生對此說，有人贊成，也有人持不同的觀點。藉「生命」爲題，學生正可在書本理論與實際生活中試尋聯結之點，不論最終的看法爲何，文字間必須呈現個人思考、建構的過程才是。

【題目四】

有人批評台灣的政治亂源在「媒體」；有人讚嘆媒體的報導可以無遠弗屆。有人可以因媒體而聲名大噪；有人也會因媒體而身敗名裂。現在請你以「臺灣媒體，請聽我說」爲主題，寫一篇二百字左右的短文，說明你對台灣傳播媒體的看法。

〔習作指引〕

傳播媒體在現代社會扮演的功能，當眞令人又愛又恨。每天一睜開眼，食衣住行育樂到價值觀，沒有一樣也沒有人能脫離傳媒的影響力；但在惡性競爭之下，台灣當前媒體的自律性及操守問題也頗令人不敢恭維。由於是短文寫作，短短兩百字，學生只要能夠持一事一論而發，可以針砭，但勿忘期許與良性建議，這才是「請聽我說」的旨意所在。

㈢主題型

這一類型最大的特色，在於其引導文字中提供相當豐富而多元的素材。最常見的是：徵引數則古今中外名人的經典言論為開頭，其理念或相類或相左，然後，要學生在這些素材中，就一個相關的主題梳理出自己的觀點，暢述自己的看法。在命題上，它相當自由，規範極少，只要學生眞心地「抒發己見」即可；在觀點上，往往無關是非對錯，不論你選取哪個角度，皆可以持論成篇。此類引導文字的功能幾乎完全落實在思路的啓迪，以及不同理念的相互激盪上，筆者以為，這是最接近理想的「引導寫作」類型。

【題目二】

居里夫人說：「世上最快樂的事，莫過於為理想奮鬥。」梁啓超亦說：「責任完了，算是人生第一件樂事。」然而明末的張潮卻隨筆寫下：「人莫樂於閒」，「閒」就能讀書；遊名勝；交益友……。快樂是我們所需求的，亦是幸福人生不可或缺的要素，但是眞正的快樂到底是什麼？細翻自己人生的扉頁，你曾感受到什麼眞心歡喜的事嗎？請以自己的認識並聯繫實際生活經驗，從下面兩題中任選一題寫作。

1.（　）給我帶來了快樂

注意：括弧裡可塡上某一項學習活動，某一種興趣愛好，一件事或一樣東西。

2.快樂哪裡來？

〔習作指引〕

「主題型」的引導寫作，學生有絕對的權利選擇符合他眞心所希求的，命題者的美意正在於此。「快樂」既抽象又難以捉摸，不管是梁氏的「責任」說，或是張潮的「休閒」觀，要在你的人生中眞實感受到了，才有書寫的意義。或許在你以文字捕捉、重現自己的「快樂」經驗時，早已脫離引導文字所給的三個選項，那又何妨？作文貴有「新意」，引導文字在恰如其分地扮演完提示的角色後，退居幕後，讓學生自己的經驗和觀感躍上舞台，賣力演出，這才是引導寫作的終極目標吧！

【題目二】

什麼是「生」？什麼是「死」？孔子曰：「未知生，焉知死？」西哲海德格云：「人是走向死亡的存有。」泰戈爾說：「死亡的印記，給生命的錢幣以價值，使它能夠用生命去購買那真正的寶物。」死亡，是從出生開始便須面對的必然結果，生命之於你，究竟是一場即興演出，或是精心策畫的戲碼？請就你對生、死的看法，自由命題寫作。文長四百字以上。

〈八十九年台中一中模擬考試題〉

〔習作指引〕

1. 生、死本是一個「大哉問」的嚴肅課題，在不給任何引導的情況下，憑空撰文，眞有不知從何下筆，如何立意之憾！三位哲人所述，對生、死皆有所闡發，其中頗有相通之處，學生若能「舉三悟一」，眞理並不難覓得。

2.比較前文的範例中，因一場天災重新思考「生命」意義的不得不然；此題乃是藉死亡來襯托生命存有的無上價值。因此，最後書寫的重點落在：你的「人生（從生到死的歷程）觀」究竟是什麼？終點是不變的，惟有過程掌握在自己手中。

3.泰戈爾語中的「生命的錢幣」、「眞正的寶物」，揭示了人生必有最值得追求的事物。掌握此點，在生、死之間便有了眞正的著力處，死亡早已超脫了它原始的意義。學生由此切入，不論是「即興演出」，或「精心策畫」，精彩必然可期！

【題目三】

「賢的是他，愚的是我，爭什麼？」這是元朝讀書人很普遍的生活態度，國父則認爲「聰明才智愈大者，當盡其能力以服千萬人之務、造千萬人之福」，更有人赤裸裸的擺出「利字擺中間，道義放兩旁」的生活目標。

即將從高中畢業而選擇大學科系的你，針對以上三種不同的生命態度，不知道有怎樣的看法？請你在思考過後，自行定題，寫一篇章法俱全、首尾完整的文章來探討你自己的生命態度。字數不限、自行斟酌。

〔習作指引〕

本題藉不同時代、不同人物所崇尚的生活價值觀，一探學生對自我人生的期許與建構。文中要你提出個人的「看法」，雖可就三種全然不同的觀點加以評議；而「探討你自己的生命態度」，就不能只是空論或批評而已，你必須眞眞切切地標出它是什麼，何以選擇它爲棲身的依歸。在學生即將面臨大學科系的抉擇，以及人生初步的規劃之際，本題設計得頗具匠心，習作者應捫心而論，誠實抒寫。

【題目四】

・思維經線・

㈠「朱泙漫學屠龍於支離益。單千金之家，三年技成而無所用其巧。」《莊子・列禦寇》

（翻譯：朱泙漫跟著支離益學屠龍。耗盡千金家產，三年學成，卻沒有地方可以表現他的技巧。）

㈡臺積電董事長張忠謀在十一月十六日的演講中表示，學校的教育是以培養出求知心、終身學習與獨立思考的能力爲目標。有目標、有紀律、有計劃的終身學習態度，將是智慧累積的關鍵。

・思維緯線・

有人以爲「學習」就要「致用」，是以學習有用的知識爲尚。以如此實用功利的心態學習知識，出了社會之後，對用不著的知識，往往就棄之如敝屣。知識難道是有用的才學，沒用的就不學嗎？請參考「思維經線」中的文字，想一想，身爲高三的你，即將步入人生的另一階段，那麼學習知識：

1.要用什麼樣的學習態度？

2.什麼樣的學習規劃，才眞正適合自己的呢？

請闡述自己的看法，文長不限。

〈八十八年師大附中模擬考試題〉

〔習作指引〕

1.和上一題頗爲類似的命意，出題者藉一則莊子寓言和「台灣半導體之父」的言論爲引導依據，主題則是「學」與「用」。何謂學以致用？學習態度是否重於學習所得？對高三學生而言，正當面臨聯考的關卡，所學知識的「有用」與「無用」，多數學生頗有難言的矛盾與掙扎。習作時，有人提出超越現狀、十分理想化的學習觀，也有人轉作激切的批判、不滿的抒發。然而，「什麼樣的學習規劃，才眞正適合自己？」要對準焦距，不卑不亢地作答，才是習作本文首要的關鍵。

2.第一則莊子寓言，對高三學生在未來生涯的抉擇上，頗有警醒之效。今日的明星校系或學科，未必是將來職場所需，一味地盲從遷就，學習只成了獵取某種社會價值的工具而已。究竟，學習的眞正精神何在？身處瞬息萬變的時代，如何才是終身受用的「快樂學習」？應是此題以「思維」二字爲標目的用意所在。

【題目五】

什麼是最遙遠的距離？

有人以天文學的角度說：還在不斷擴大、無從探測邊界的宇宙，就是最遙遠的距離；也有人說：最遙遠的距離，是生與死的永遠分別；更有人說：最遙遠的距離，是我就站在你面前，你卻不知道我愛你。

試就你自己的感覺、經驗、知識或省思，以「最遙遠的距離」爲題，寫一篇文章，文長不限。文章可以全然抒情而寫得很感性，也可以運用知識而寫得充滿知性，當然也可以融會二者，兼具知性與感性。

〈九十年大學入學推甄試題〉

〔習作指引〕

曾在網路族中熱烈討論過的話題，「什麼是最遙遠的距離？」引導文字中已經藉不同的「有人」明示你：不必科學論證，毋須學理依據，你覺得什麼是，儘管放筆寫去。題目後所附的提示語，尤其爲考生大開方便之門，在感性與知性之間，每個人都可就自己擅長的風格，加以發揮，如此一來，引導文中的理想才可以眞正落實。同樣是引導寫作，比起前兩年的推甄作文題，引導之餘，還規定考生必須具備哪些內容，自然是簡潔而高明多了。

四、結語

引導寫作既名爲「引導」，所設計的文字理應以引起動機、分享經驗，或提供多元觀點、刺激思路爲主。當然，它可以對考生有所叮嚀、規範，比方：「請從自身經驗出發，莫作無謂論述」；也可以明示考生更自由的書寫空間，如前例「最遙遠的距離」中的提示語。

無論如何，盡量避免太過仔細的規定，或畫蛇添足的段落分配，那反而限制了學生思考的深度和發揮的空間。因此，即便是大綱式的提要，寧可給得精、給得少，才能眞正發揮「引導」的功能。

其次，引導文字的撰寫，不管是自擬或融合多方爲一說，本身必須力求簡潔精美。因爲短短數語，除了扮演引導的功能外，其文字風格、遣詞造句，或多或少具有觀摩作用，在在都影響學生的思路與行文，特別是應考作文，尤須細加斟酌。

引導材料如係徵引各家言論，要注意底下的說明文字有沒有「越俎代庖」？闡述太過或引申不當，不但糟蹋了原文的經典性，自然也妨礙學生自行吸收體會的能力，不可不愼。再者，徵引言論如果不止於一家一說，要盡可能提供多種觀點，融合古今，跨足中西均可。即使最後的旨趣是殊途同歸的，學生接受愈多不同的啓迪和刺激，下筆之際更能左右逢源。如要他們自引文中選擇認同的某家觀點，一抒己見，學生既有所依循，也能有所比較、分辨，則不致於人人都寫成同一面貌，千篇一律，那便失去「引導寫作」的眞正本義了！

學生在閱讀引文之後，如能有超越引文的新意或創見，當然不必自縛手腳。「文章千古事，得失寸心知」，中上程度的學生，在不離題旨的前提下，應有勇氣自闢新局，讓引導文字功成而身退，莊子有言：「筌者，所以在魚，得魚而忘筌。」這才是引導寫作的上乘妙境吧！

故事糖衣・把道理包起來

——談「寓言寫作」

一、說明

寓言是文學作品的一種體裁，帶有勸喻或諷刺性質，因爲具有故事情節，且多半幽默詼諧，所以容易引人入勝；因爲取材靈活、風格多樣，將哲思道理包裝在故事的糖衣中，或提醒、或勸誡、或針砭、或論說事理、或提供生活經驗，故遠比直接說教更能收到良好的效果、更耐人尋味。

一般人常有種錯覺，以爲寓言裡的主角大多數是動物，其實並不盡然。就我國傳統典籍中的寓言作品來說，當然有以動物爲主角的，但也有不少和人世間的場景、情事有關，有時更會借用歷史人物爲主角來增添趣味，使整個故事看來更具眞實感。有了寓言這一環，我國文學的內涵更顯豐富與生動，而寓言也直接檃括爲成語典故，如井底之蛙、杞人憂天、塞翁失馬、自相矛盾、朝三暮四、濫竽充數、守株待兔……等，就像從《伊索寓言》流傳出來「酸葡萄心理」的說法一樣，廣泛地被流傳與應用。

許多人從小與書籍的結緣便是從寓言故事開始，《伊索寓言》中的烏鴉、狐狸幾乎是許多人伴著一起長大的夥伴。而流行歌詞中也不乏使用寓言者，歌手齊豫有一首歌「飛鳥與魚」：

我是魚　你是飛鳥　要不是你一次失速流離　要不是我一次張望關注
那來這一場不被看好的眷與戀
你勇敢　我宿命　你是一隻可以四處棲息的鳥　我是一尾早已沒了體溫的魚
藍的天　藍的海　難為了我和你……
睡不著的夜　醒不來的早晨
春天的花如何得知秋天的果　今天的不堪如何原諒昨天的昏盲
飛鳥如何去愛　怎麼會愛上水裡的魚

歌詞纏綿地寫出一段註定沒有結果的愛情，因爲比喻生動鮮明，以寓言爲表現方式，便給人無窮的想像空間。

近來流行的各種作文新題型中，寓言也沒有缺席，八十九年台北區推薦甄選入學高中學科能力測驗國文科㈡的第一題，就是以寓言故事爲素材。

閱讀本篇寓言，並寫出閱讀後的體悟。

1.須掌握原文寓意。

2.分析、闡發要具體。

有一頭豬鑽進一座豪宅的院子裡，隨心所欲地在馬廄和廚房周圍遊逛一番後，又在污泥裡打滾，在髒水裡洗澡。遊罷回家，渾身上下無處不顯示出豬的樣子。主人問牠：「嗨，卡芙羅妮婭，你看到了些什麼？我聽說，有錢人的住宅裡，盡是珍珠和寶石，那裡的東西一件比一件精美。」卡芙羅妮婭哼著說：「我向你保證他們胡說八道，我把那整個後院的泥土都翻遍了，但是，那裡除了泥污和垃圾，根本沒有任何財寶。」

（改寫自《一百篇寓言・豬》）

就個人思考，這個寓言指涉的層面頗多，舉隅如下：

*聰明人會把握每一個學習與成長的機會；而愚蠢之人就算進入寶山，也可能空手而

回，一無所獲，以至於永遠停留在原點。

＊許多批評家本身格調不高、所學有限或者眼光短淺，不懂得欣賞別人的美好，總認爲別人的表現皆如糟粕，故輕率地嗤之以鼻。

＊許多人有以偏概全的毛病，一如羅丹所說：「這世界不是缺少美，而是缺少發現」，我們唯有張開心靈的眼睛，才能看到眞正的美，也才能免除見識淺陋狹隘的弊病。

＊積習是很難改變的，正如俗諺所謂：「牛牽到北京還是牛」，因此我們要時時警惕自己，不要被不好的習慣影響而不自知。

＊受到本身條件的局限，有的人永遠不能了解「陽春白雪」之美，就像井底之蛙看到的天空，就只有一個井口大小的面積。同樣地，豬進入豪門之家，也只會在馬廄和廚房遊逛，當然無法發現珍寶。

＊你自己是什麼，看別人就是什麼。就像蘇東坡與佛印的逸事，蘇東坡看人是糞屎，佛

印看人是菩薩，正反映出他們二人修爲的層次。

＊因爲生活環境不同、所需不同，所以每個人的觀點和喜好不同，欣賞事物的角度自然就有所不同，若要與人和諧相處，我們就應培養更寬容的胸懷。

＊人人各有其性、各有所好、各有所見，所以會各取所需，因每個人追求的目標不同，故不要自以爲是，更無須强以自己的價値觀去評斷他人。

＊許多人喜歡珍珠寶石，但這些有形的財富珍寶眞的那麼可貴嗎？値得深思。在別的生物（或別人）心目中，這些東西也許還比不上汚泥和髒水呢！這個寓言就是在諷刺那些汲汲營營追求物質財富的人。

＊就主人而言，他可能是一個愛慕榮華富貴的人，所以只關心珍珠和寶石。這個故事告訴我們：財富未必使人過得更幸福，珍寶令人嚮往，而眞正擁有之後可能並不像想像中的那般完美；追求表面奢華之時，也許會忽略有形物質背後的貧乏呢！

＊豪宅說不定只是虛有其表，並不像大家想像的一切都很美好，可見表面上的富裕或名聲，不能代表一個人眞正的價值。而且就算是富有的人家，院子裡還是有著汚泥和垃圾，沒什麼好羨慕的。傳聞和眞實狀況是有一段差距的，大家不要被虛言所迷惑。

這個故事很有趣，以虛構的故事來表達抽象概念，任憑每個人天馬行空去探討要旨，可說是開放了廣闊的天地讓學生盡情揮灑點染。

台北市建國高中九十學年度甄選入學語文能力測驗㈠的讀後感寫作，也是採取「閱讀寓言，寫作啓示」的題型：

請根據下列兩則故事，寫出你所得到的啓示，自訂題目，完成一篇五百字左右的散文。

（不必重覆敍述故事內容）

甲

有一匹老驢子，在回家的路上，不小心掉進一個深洞裡。主人急著想把牠拉上來，弄得老驢子哀哀鳴叫。主人只好找了好幾個村人來幫忙，可是仍無法將驢子拉上來。折騰了大半天，主人放棄了，決定請村人用泥土將受傷的驢子活埋。

當村人將泥土往驢子的身上倒的時候，牠非常害怕，用力的抖動身體，把泥土抖落到腳下。此後，一鏟一鏟的泥土落到驢子身上，都被牠抖落到腳下。驢子把腳踩在泥土上，竟然一點一點地增高了。當驢子看到了地面，牠就一躍而起，從洞裡爬出來了。

乙

有一天，森林發生大火，所有的動物都往外奔跑。只有一隻鸚鵡，全身溼透地往森林飛回去。一些動物看到了，都勸牠說：「你幹嘛回去呢？太危險了！」鸚鵡說：「森林是我的故鄉，我要回去用身上的水救火。」大家不以為然，紛紛說：「憑你的力量怎麼可能救得了火？」鸚鵡說：「你們也可以來幫忙呀！」大家覺得有道理，於是身體龐大的大象、水牛、長頸鹿、猩猩，帶著小型的動物們，利用各種工具裝水，而鳥類則全身打濕，準備回去救火。

當動物們不懼火舌，拼命地來來回回運水時，天帝看到了，非常感動，於是下了一場傾盆大雨，很快就澆滅了這場森林大火。

把道德的教訓包裝在擬人化的情節中，比較不會被抗拒，容易深入人心。以寓言故事為素材，還能評量出學生的閱讀理解能力。

在作文能力的訓練上，除了這一類「閱讀寓言後再去探討寓意、發表看法」的題型外，創作也是值得嘗試的。寓言題材之活潑自由遠勝其他文體，相信學生習作之時，一定可以馳騁想像力，將生活中所見所聞，經由創造，賦予新的意義和生命。

二、教學指南

㈠不同作品，相同寓意

在不同典籍中，有些作品無獨有偶地陳述了同樣的寓意，相互比較，是很有意思的一件事。例如蘇軾的〈日喻〉與外國寓言〈瞎子摸象〉的故事就有異曲同工之妙；又如在《列子・說符》中有一段文字：

昔齊人有欲金者，清旦衣冠而之市，適鬻金者之所，因攫其金而去。吏捕得之，問曰：「人皆在焉，子攫人之金何？」對曰：「取金之時，不見人，徒見金。」

劉基的《郁離子・麋虎》則是這麼寫的：

虎逐麋，麋奔而闕於崖，躍焉，虎亦躍而從之，俱墜以死。郁離子曰：『麋之躍於崖也，不得已也，前有崖而後有虎，進退死也。故退而得虎，則有死無生之冀；進而躍焉，雖必墜，萬一有無望之生，亦愈於坐而食於虎者也。若虎則進與退皆在我，無不得已也，而隨之以俱墜，何哉？麋雖死而與虎俱亡，使不躍於崖，則不能致虎之俱亡也；雖虎之冥，亦麋之計得哉！嗚呼！若虎可以為貪而暴者之永鑒矣！

兩篇作品的主角，一爲人，一爲虎，同樣都受貪念蒙蔽而不顧眼前事實，姑且不論《郁離子》的政論企圖，單看這兩個寓言，會發現有著相同的旨意。

㈡改變故事，賦予新意

有些作品則是利用大家耳熟能詳的故事作翻案文章，改變結局，也很有啓發性。例如人人皆知的「龜兔賽跑」這個故事，原本是藉龜勝兔敗的情節，來告訴大家「努力不懈足以彌補先天缺點」的道理。而在卡通影片中，描述兔子第二代爲了雪恥，向烏龜第二代挑戰，結果全體烏龜出動，在每一個轉彎處就由事先埋伏的烏龜接續賽跑，一隻跑完全程的兔子終究比不上只跑了一小段距離的烏龜，結果還是烏龜贏了，同樣的結局，寓意卻不同，這個新情節告訴我們「單打獨鬥的時代過去了，羣體合作才能立於不敗之地」。而劉墉的寫法是：「兔子一開始就拚命跑，半刻都不敢休息，烏龜好整以暇地打電話。幾分鐘後，計程車來到，烏龜上車，倏地趕過兔子，到達終點。」結論是「若烏龜要取勝，就不該光靠著努力不懈，要另外找出新點子。也就是說，誰懂得用工具、用方法，誰就是贏家！就像過去上數學課不能帶計算機，因爲靠計算機就不是眞功夫；但在太空競賽的今天，不使用電腦，行嗎？」給予大家的啓示是：「烏龜雖然贏了，但不是靠著勤能補拙的老方法，而是懂得充分利用高科技。」這樣的現代思維不使新新人類大呼過癮才怪！這種寫法是保留原來角色，也不改動故事的結局，但注入新的情節，使內容不同，而賦予新的寓意。

仍以「龜兔賽跑」爲例，我們看到林語堂將故事改寫爲「兔子睡了一覺醒來，神清氣爽，精神百倍，隨興所之地吃吃野草、看看風景，好不快活！突見一隻松鼠，便開步直追，一下子便衝到終點，而烏龜還在遙遠的地方匍匐而行呢！」林語堂讓兔子先馳得點，說明「做事應該追求自己情性所近、能力所長的，才有成就」，這個新結局頗能開創嶄新的思考空間。這樣一來，「既是烏龜，就不應該和兔子賽跑，何不比賽游泳呢？」就不只是玩笑話，而能提供另類的思考方向。

㈢界定概念，把握原則

實施寓言寫作，可以從這幾個路徑出發。不過，在寫作前，宜先了解寓言的基本要素及藝術特點，綜合各家說法，寓言大致包含幾項條件：

1.要有故事情節，具備「開端、發展、結尾」完整的結構。

2.多屬於虛構性題材。

3.大多採散文體書寫，一般來說，篇幅不必太長。

4.要有譬喻寄託，如借此喻彼、借古諷今、借物諷人等，使讀者閱讀之後領悟其中的教訓或啓示。

5.角色包羅了無生物、生物，甚至仙魔鬼怪和虛構人物，故多以擬人化手法表現。

上列條件界定了寓言的概念，正好也是寓言寫作的作法要點，不妨提醒學生把握這幾個原則。同時，教師亦可補充其他古今中外的寓言作品，學生大量吸取養分後，再經藝術加工處理，應能創作出別出心裁的作品。

㈣選擇主角，注意特質

最後，還要提醒學生在選取故事的主人翁時，必須注意它們原本的特質，才能成功地影射類型化人物。例如驢子，在寓言中被塑造的角色都是愚蠢無知的，一如柳宗元〈黔之驢〉中的驢子，是個虛有其表、沒有眞正本領的龐然大物；又如《伊索寓言》中的驢子，因爲羨慕蚱蜢叫聲悠揚，便學蚱蜢喝露水過活，以致餓死，或是羨慕馬載著鹽跌到水裡減輕重量，也照著做，卻因自己馱著海綿而加重負擔，都呈現了一貫的形象，若在創作中將驢子作爲睿智聰慧的代表，就會扞格不入。不管故事的主人翁是生物、無生物，都要把握它的特質與形象，經擬人化的處理，才更具有說服力。

三、分類

此處的分類並非基於文學理論對寓言的類別加以畫分，而是提供教師設計作文的題目之時，可以遵循的幾個途徑。

(一)探討寓意，發表看法

這一類的習作設計是教師提供寓言故事，讓學生探討寓意，或是發表看法，撰寫讀後感。

【題目二】

請先閱讀下列寓言，再用二十字以內的篇幅說明這個故事的寓意。

> 123邀請0到它們中間去。
> 第一個0昂起頭說：「答應我一個條件，讓我站在最前面！」
> 第二個0微笑著說：「我喜歡站在中間。」
> 第三個0紅著臉說：「我就站在最後面吧！」
> 結果——
> 0123，第一個0沒有使123擴大；
> 1023，第二個0使123擴大了好幾倍；
> 1230，第三個0使123一下子擴大得最多！
>
> （摘自網路資料）

〔習作指引〕

潘台成的《綠化心靈》中有個小故事：

有一次，一個小的「○」字不小心掉進一個大的「○」字裡，大的「○」字高傲的說：「你怎麼生得這麼小，我比你大這麼多，你應該要好好的檢討檢討。」小的「○」字說：「你再大又有什麼用呢？還不是跟我一樣等於零！」

有一首詩，題目是「零的幻想」，則是以零引發無窮的聯想。

零是謙虛者的起點，驕傲者的終點
零是負擔最輕，而任務最重
零是一面鏡子，讓你認識自己
零是一個救生圈，讓弱者隨波逐流
零是一個敲響的戰鼓，叫強者奮勇進取。

的確，零原本代表空無所有，但可以引發聯想，在故事中，本質不變，只因所處位置的不同，產生不同的結果。這個故事簡單卻值得思考，學生當可就個人體會，從不同角度切入，領略不同的啓示。

〔例文〕

謙遜孕育力量，狂妄其實無能。

〔簡析〕

以零象徵謙虛，能找出二者的同質性，是不錯的思考角度。

【題目二】

請先仔細閱讀下列寓言，再依規定作答。

在某個小島上住著一些小精靈，他們的名字分別是「快樂」、「悲傷」、「知識」、「虛榮」、「時間」、「財富」以及「愛」。

有一天，他們得到了一個訊息：這個小島要沈沒了！於是所有的小精靈都準備搭船離開，但是「愛」的動作太慢了，小島開始沈沒，「愛」幾乎被水淹斃，她趕快尋求別人的幫助。這時候剛好「A」經過了這個小島，於是「愛」問他：『你能不能帶我一起走？』他回答：『唉呀！真抱歉，我的船上有太多黃金，沒有地方可以容納你了。』

於是「愛」又向「B」求助，他回答：『妳會把我的船給弄濕，我不能載妳。』

好不容易又看到了「C」的船經過，「愛」對他說：『讓我們同行吧？』他回答：『我太難過了，我寧願一個人孤獨的航行。』

「D」的船也經過了小島，但他為了及時逃出而興奮異常，所以沒有聽到「愛」的呼叫聲。

最後，出現了一個聲音：『上我的船吧，我帶妳離開這裡。』「愛」沒有見過這個人，他把「愛」載到一個安全的小島就離開了。

後來「愛」碰到了最聰明的「E」，問他那個人是誰？「E」回答：『那是一位叫做「F」的人，因為只有他知道愛的偉大。』

1. 請依照故事內容，分別說明A、B、C、D、E、F所代表的應是第一段中所述的哪一個小精靈。

2. 這個寓言所要表達的旨意爲何？並請申述你的看法，文限二百字以內。

〔習作指引〕

由故事的上下文可推知：A是財富，B是虛榮，C是悲傷，D是快樂，E是知識，F是時間。

這個寓言表達的是「在某些狀況下，我們也許不需要愛，也無法體會愛的重要，但經歷了一段時間之後，任何人都不能沒有愛」，題目規定學生必須申述個人看法，因此寫作時，必須以這個概念爲基礎，再作引申闡發。

【題目三】

請閱讀下列托爾斯泰所寫的寓言〈亞述王依撒海頓〉，然後以「一則寓言的啓示」爲題寫作，陳述你的領悟與看法。

依撒海頓性喜田獵，驍勇善戰，征服了鄰國，劫掠焚燒他們的城市，並把國王萊里王捉來，關在籠子裡，花很多時間去折磨他。

有一天晚上，當依撒海頓正躺在床上，想著如何殺死萊里王的時候，有一個老人出現床邊，告訴依撒海頓，他不用花腦筋去想如何殺死萊里，因為依撒海頓自己就是萊里。依撒海頓乍聽之下覺得很荒謬，但當這個老人拿著一罐水淋在他頭上時，他卻發現自己果然是萊里，享受了萊里王的榮華富貴，也經歷了階下囚的屈辱折磨，當他正在依撒海頓的死刑台上作垂死掙扎的時候，他發現自己突然變成一頭母驢，正在滿足地哺育小驢，接著一箭飛來，穿過牠的腹部，牠努力保護小驢的時候，卻見依撒海頓奔近前來割牠的咽喉……。

依撒海頓努力從這些幻境中掙脫而出，卻見老人手中的水罐尚未灑完。他這時才了解，他所殺死的人和獸，其實也就是他自己；對他人做惡事，也就是對自己做惡事；想要藉著毀滅他人的生命來延長自己的生命，是任何人都辦不到的，因為一切生物的生命只有一個……。

〔習作指引〕

這個寓言故事很抽象，不容易理解，所幸文章末段透露了不少訊息。故事主要說明地球上的每一個物種都是息息相關、密不可分的，殘害他人（物）可能會殃及自身，學生可從這個角度深入探討自己與他人，甚至擴及人與自然的關係。

【題目四】

閱讀〈東施效顰〉這則故事，再依照規定寫作。

西施病心而顰其里，其里之醜人見而美之，歸亦捧心而顰其里。其里之富人見之，堅閉門而不出；貧人見之，挈妻子而去之走。彼知顰美而不知顰之所以美。

《莊子・天運》

1. 把原文改寫成流暢的現代語體文。
2. 以「西施何事皺眉頭」爲題，寫一篇三百至四百字的記敍文。可展開合理想像，但要求著重心理和神態描寫。
3. 以「從『東施效顰』說起」爲副標題，尋找最佳角度，聯繫實際，自擬正標題，寫一篇八百至一千字的議論文。

〈大陸考題〉

〔習作指引〕

這個故事說明了西施之所以顰而能美，因爲她的本質美，而醜人只看到西施外表形象而不知她內涵的本質，徒然模仿，於是更顯醜陋，令人不忍目睹。

題目要求閱讀一則寓言之後，撰寫三篇作文。第一篇考察的是學生的翻譯能力，將文言文改寫爲語體文，規定並無字數的限制，習作的重點應把握「流暢」這個原則。

第二篇的作文須發揮想像力，無中生有去設想「西施爲什麼皺眉頭」，原文的「病心」太過籠統抽象，必須另行開展，因爲故事的主人翁是人，題材屬於人世的範圍，不宜有超現實的情節，必須遵守「合理」的分際；寫作之時，除了爲西施病心皺眉找出理由外，也要著墨心理和神態的描寫，才能合乎要求。

第三篇則是以故事的寓意爲出發點，寫作議論文。「東施效顰」是令人反感的，故文章可以探討「平心做自己」的重要，也可以强調「一味模仿別人，反而失去自我風格」，正如「畫虎不成反類犬」的道理一般；除了人事的範疇之外，也可以評論社會現象，如提出對「仿冒」「盜版」的撻伐，亦無不可。

(二)規定寓意，自行創作

這個設計要求學生自行想像、編撰全新的寓言故事。初接觸這種題目時，學生可能腦筋一片空白，不知如何下筆。教師不妨規定寓意，給予學生明確的思考方向，如此既可使學生有所依循，在評量時也有統一的標準作爲給分依據。

【題目二】

水有氣體、液體、固體三態，表象雖不同，本質是一樣的。水的三態循環是自然現象，而我們不妨大膽設想：在什麼樣的情況下，水必須放棄原有的形態？水在循環過程中有沒有掙扎？水會不會堅持以某種狀態出現，而拒絕成爲另一種形貌呢？

現在請以「放下自我的執著」爲主要意旨，並以水爲主人翁，創作寓言一篇，題目自訂。

〔習作指引〕

這是一個很高難度的習作題目，對學生的想像力和表達能力是很大的考驗。創作內容要以水爲主人翁，且與水的三態變化有關，規定的寓意既是「放下自我的執著」，所以故事必須安排「水經過了一番掙扎，才願意放棄原來狀態」的情節。

文章應以思索「水爲什麼必須放棄原來的狀態」爲出發點，從而鋪敍出完整的情節。

〔例文〕

小河流的旅程

有一條小河流從遙遠的高山上流下來，經過村莊與森林，最後來到了沙漠。

它想：「我已經越過了重重的障礙，這次應該可以越過這個沙漠吧！」當它決定流過沙漠的時候，它發現水流漸漸消失在泥沙當中，試了一次又一次，總是徒勞無功，於是灰心了，「也許這就是我的命運了，我永遠也到不了浩瀚的大海。」它頹喪地自言自語。

這時候，四周響起了一陣低沈的聲音，「如果微風可以跨越沙漠，那麼河流也可以。」原來這是沙漠發出的聲音。

小河流很不服氣地回答說：「那是因為微風可以飛過沙漠，可是我卻不行。」「因為你堅持你原來的樣子，所以你永遠無法跨越這個沙漠。只要願意你放棄現在的樣子，微風就能帶著你飛過沙漠，到達目的地。」沙漠用低沈的聲音這麼說。

小河流沒有想過有這樣的事情，「放棄我現在的樣子，然後消失在微風中？不！不！」小河流無法接受，畢竟它從未有這樣的經驗，放棄自己現在的樣子是不是自我毀滅呢？

但是它又不願自己一點一滴流失在泥沙中，掙扎好久，終於怯生生問道：「我該怎麼做呢？」

「微風可以把你的水氣包含在它的體內，飄過沙漠，到了適當的地點，就把這些水氣釋放出來，於是你變成了雨水，然後雨水又會形成河流，繼續向前進。」沙漠很有耐心地回答。

「那我還是原來的河流嗎？」小河流問。

「可以說是，也可以說不是。」沙漠回答，又接著補充道：「不管你是河流或是看不見的水蒸氣，你內在的本質從來沒有改變，你會堅持你是一條河流，因為你從來不知道自己內在的本質。」

此時小河流的心中，隱隱約約地想起了過去，似乎就是由微風帶著自己到內陸高山的半山腰變成雨水，落到地面上，才變成今日河流的樣子。

於是小河流終於鼓起勇氣，投入微風張開的雙臂，消失在微風之中，讓微風帶著它，奔向它生命中某個階段的歸宿。（改寫自網路資料）

〔簡析〕

在我們的生命歷程中，想要跨越障礙，達成某種程度的突破，往往需要擁有「放下自我」的智慧與勇氣，才能邁向未知的領域。這個寓言述說河流必須放棄原來的樣子，變成水蒸氣，才能藉由微風的力量越過沙漠，頗能開創深度的思考天地，對於人經常不自覺的「我執」有相當程度的提醒，堪稱是篇佳作。

【題目二】

請仔細閱讀下列寓言，再依規定寫作。

有一天，一羣動物聚在一起開會，討論學校的課程。兔子說賽跑重要，一定要列入課程。鳥兒說飛翔重要，一定要列入課程。老鼠說挖地洞重要，一定要列入課程。

最後，他們把各種重要的技能都列入課程，強制他們的孩子學習。

結果鳥兒的飛翔本來應該考甲等的，後來，為了學習用翅膀挖地洞，把羽毛弄壞了。他既沒有學會挖地洞，連飛翔也考個丙等。兔子為了學飛翔，從樹上跌落而骨折，他不但飛不成，連他專長的賽跑也出了問題……

（鄭石岩《禪・生命的微笑》）

1. 請先寫出這個故事的寓意。
2. 再根據相同的寓意，另行創作故事一則。

〔習作指引〕

這個「動物學校」的故事背景和學生目前所處的類似，他們的思考應該不至於牽强附會或歪曲原意，只要鎖定在「樣樣通，樣樣鬆」、「邯鄲學步，失其故行」等範疇內，都能切合故事的深旨。此外還必須把握這個寓意，另外創作一個故事。

㈢翻案或新編寓言故事

上一類習作的設計重點是統一規定寓意，學生自行編寫寓言故事；而這一類的設計是翻案或新編。所謂「翻案」，是指改動原有寓言故事的結局，結局改變了，寓意自然跟著改變；所謂「新編」，是指保留原有寓言故事的結局，但中間的情節重新更動，因爲故事的發展過程不同，所以寓意也隨之不同。

【題目二】

請先閱讀下列《莊子．逍遙遊》中的故事，加以改編其情節，而賦予新的意義。

宋人有善為不龜手之藥者，世世以洴澼絖為事；客聞之，請買其方百金。聚族而謀曰：「我世世為洴澼絖，不過數金；今一朝而鬻技百金，請與之。」客得之以說吳王。越有難，吳王使之將，冬與越人水戰，大敗越人，裂地而封之。

〔習作指引〕

這則寓言寄託「物用沒有一定的準則」的道理。同樣是不龜手的藥物，有人用來漂洗棉絮，所得甚少；但有人用來與敵兵水戰，建立軍功。可見一物之用，往往因時因地之異而有不同價值，就看人如何去使用。

學生寫作時，大可以渲染誇張，做出翻案文章，引發出不同的思考角度，製造出人意表的波瀾。

〔例文二〕

宋國有個家族擁有一種祖傳秘方，能使人在寒冷的冬天長期碰水而手不會長凍瘡，所以他們家世世代代都從事洗染布料的工作。

有人聽說了，就請求這個家族出賣秘方，他願意用百兩金子交換。

這個家族召開了大規模的家族會議，討論到底要不要出售秘方。最後一位老爺爺說：「我們家族世世代代都做這個工作，大家也只會這個本事，而換來的報酬非常微薄。不如把秘方賣給他，賺來的錢送孩子進學堂多讀點書，也許他們將來另有出路。」全體族人都同意了。

當時吳王正為每次水戰都敗在兵士雙手龜裂而苦惱，這個人將這項秘方獻給吳王，吳王下令依秘方調製藥劑供軍隊使用，果然在下一次戰役中，因為吳國兵士的雙手不再長凍瘡，提升了戰力，所以打了勝仗。

吳王很高興，賞賜很多財物給那個人。出售秘方的家族知道了這件事，沒有表示什麼，只是日復一日地堅守崗位，做著原來的工作。

過不久，吳王擔心那個人會將這個秘方轉賣其他國家，便找了個藉口將他殺掉。而宋國那個家族，因為晚輩學有所成，果真有了更好的發展，為家族開創了新的事業。（張瑜芳）

〔例文二〕

宋國有一戶代代都以染布維生的人家，他們家有一種祖傳秘方，可以讓他們的手即使冬天接觸冷水也不會龜裂，而且他們染出來的布料品質很好、色澤漂亮又均勻，廣受歡迎，所以他們過著平穩安逸的生活。

有一天，來了個吳國人，發現這個家族的秘方這麼神奇好用，心想：如果將這藥方推薦給國君，一定有優渥的報酬。

那人怎麼知道吳王急需這個妙方呢？原來，到了冬天，吳國軍隊每逢水戰必定一敗塗地，因為兵士雙手碰水就長凍瘡，根本連武器都拿不穩，怎麼可能打勝仗？吳王非常苦惱，不知如何解決。

那人千方百計盜取了不龜手的秘方，進獻給吳王。吳王將藥發配到軍隊，人手一罐，隨時塗抹。兵士大喜，以為自此可以所向無敵，便怠忽平日的訓練，結果再度與敵軍交鋒時，還是打了個敗戰。

至於那個打如意算盤、一心一意貪圖報酬的吳國人呢？不幸成為吳王發洩怒氣的對象，不得善終。

這一切事端，看在染布維生的家族眼裡，只是微微一笑，他們照樣過著平淡安穩的生活。（林子卉）

〔簡析〕兩篇例文都保留大部分情節，只改動了故事結局。第一篇就原著情節加以大逆轉，本來裂地封侯的吳國人下場悲慘，而販售藥方的家族則獲得好的報應；第二篇同樣地懲處了取得藥方的吳國人，不過吳國軍隊也沒有善終。兩位作者都有不錯的創意，故事敍述情節緊湊，寓意也能發人深省。

【題目二】

請先閱讀下列《伊索寓言．橄欖樹與蘆葦》，而後寫作寓言一則。注意：必須保留原來的角色和故事結局，但要重新塑造情節，並賦予新的意義。

橄欖樹自認強壯，總是譏笑身邊的蘆葦太軟弱。有一天，橄欖樹又嘲笑蘆葦，說：「隨便一陣風就可以把你吹彎了腰，真沒用！」蘆葦沒有答腔。

就在橄欖樹自鳴得意的同時，突然刮起暴風，蘆葦彎下腰隨強風擺動身體，而橄欖樹為了表現強壯的力量，硬是挺展樹枝，與強風相抗。

當暴風過後，蘆葦依然如往常一樣，沒有損傷。橄欖樹呢？因為逞強，枝幹都被暴風吹折了。

〔習作指引〕

這一篇寓言是在提醒大家不要學橄欖樹那麼愛逞强，自己有多少力量就做多少事，如果是爲了面子問題而强出頭，最後受苦受累的還是自己。

學生在習作時，依規定要保留「蘆葦毫髮無損而橄欖樹嚴重受傷」的結局，至於故事的發展則要重新安排，例如它們受到另一種外力的侵襲，若從蘆葦與橄欖樹兩者的特色、形象、利用價值等方向思考，應能注入全新的內涵，構思出生動合理的情節。

四、結語

中學國文課本中不乏寓言的篇目，先經講授，使學生具備統整的觀念，然後就可進一步實施語文訓練活動。不管是以寓言爲素材讓學生分析寓意，或是提供寓言給學生新編、翻案，甚至讓他們在沒有任何依憑、自由取材、自由定題的情況下創作寓言，都是理想的學以致用，值得嘗試。△

由於寓言的特性自由活潑，是一種極具啟發性的文體，可隨時空背景不同而解讀出不同層次的意念，容許見仁見智的詮釋，是很理想的閱讀教材，不同的年齡層也不難找到適合其程度的作品。

我們對寓意進行探究時，也不必拘泥執著，應儘量鼓勵學生多從不同的角度切入分析，另闢蹊徑，賦以嶄新的意蘊，就算他們是以批判的眼光提出異議或駁斥，也值得喝采。如此一來，相信更能鼓勵學生以新的觸發，創作自出機杼的寓言作品。

分身有術・翱遊想像天地

——談「情境作文」

一、說明

我們每個人所身處的現實世界都是有局限性的，然而想像力的天地卻無限遼闊，「情境作文」，正是讓學生以有限之身自由翱遊於沒有任何限制的想像世界。套用前一陣子流行的說法，就是修練無數「分身」，讓我們這個「本尊」對一己之外的人或物感同身受，從而提煉出自己前所未有的經歷。

就定義來說，「情境作文」是指教師命題時，爲學生創設一種生活情境或想像空間，並提供具體的事件、問題或指引，要求學生寫出符合這些特殊條件的文章，不像「引導作文」提供的資料目的在引起動機、啓迪思路或規範書寫範圍。這些情境有的是他們所熟悉或經歷過的實際生活場景，有些則是虛擬的假想狀況，甚或要學生幻化成另一種屬性，海闊天空地展開聯想、模擬。這個寫作類型的性質大都偏向敍述，目的是在訓練學生對實際問題或某種狀況設身處地去思考、想像或者綜合歸納，發表自己的看法。

近來流行的各種作文新題型中，「情境作文」當然也佔有一席之地，如台北區公立高中八十八學年度第一學期第一次聯合模擬考的作文題目：

試以「鬆了一口氣」爲題，模擬一種情境，將自己融入，然後將符合題意的想像或事實的情況寫下。文長以五十到一百字爲限。

【例1】

開那種又長又悶的會，我常打瞌睡，有一次突然被老闆叫到要我表示意見，我的天哪！他們剛才講了什麼，我都沒聽到，尷尬萬分時，秘書敲門進來說：「老闆，有您的電話，說是重要的事。」

【例2】

第一次請女朋友晚餐，結帳時才發現皮夾子忘了帶，著急萬分時，突然發現以前的好友在場。……這家餐廳是他開的。

【例3】

一個重要的約會，竟睡過頭，正手忙腳亂、氣急敗壞之際，手機響了，對方

> 劈頭便拚命道歉，說是剛睡醒。

所學的例子都是很生活化的情境，學生都能參照上述狀況，另外敍述自己鬆了一口氣的經驗。大多學生寫考試（或上台報告、或應交作業）前沒準備好，心裡很是緊張，幸好老師忘了（或沒時間），考試取消，所以鬆了一口氣。一半以上的作文卷都是類似的內容，不能說錯，但很難吸引閱卷者的青睞，大多只能拿一個四平八穩的普通分數。這也提醒老師，命題之時，應清楚界定到底是要檢測學生的文字表達能力，或是臨場反應，還是創意？就這一題命題設計而言，「言人之所未能言」重不重要？值得再思考。這樣的題目設計，令老師在評分時，頗費斟酌，這一題只佔十分，其實是不太容易在給分時明顯區隔出學生作品的高下之別。

能夠檢測出學生語文程度的情境作文題目，如八十八年大學推薦甄選測驗題的短文寫作，是讓學生選擇不同情境來發揮個人情志或思考觀察：

> 以下是有關「魚」的兩種不同情境，請選擇其中一項，寫一篇散文，可以從「人」的角度寫，也可以從「魚」的角度寫，文限二百至三百字之間。

1.餐桌上的魚

2.水族箱中的魚

選擇人的角度，是以人爲中心進行考量，用感性筆觸來抒情，或平實的記敍描寫，或出以批判的立場進行評論皆可，比較接近傳統作文的寫法；若以人擬物，選擇從魚的角度出發，在特定的情境中（餐桌上或水族箱中）發揮想像力，模擬遭遇的情況，呈現魚的心靈世界，用魚的觀點看魚，或是魚的觀點看人都無妨，這就是情境作文的一種。

南一版教科書第一册第九課語文表達能力的題目和上述題目的命題精神頗爲相似：

下列是關於「鳥」的三種不同情境，請發揮你的想像力，寫一篇短文。

㈠在水一方的黑面琵鷺

㈡籠子裡的鸚鵡

㈢電線桿上的麻雀

1.可以從「人」的角度鋪寫；也可以從「鳥」的立場創作。

2.表達的主題，要切合設定的情境。
3.請選擇其中一項寫作，字數在三百字左右。

題目所設定的情境雖然只有短短一句話，思路的提示也不夠多，意象卻十分鮮明。由三種鳥不同的生活背景與命運遭遇，學生自可提煉出不同的生活態度與價值觀。

又如八十九年度語文表達能力測驗預試卷一第貳題的二小題：

卻說玄德訪孔明兩次不遇，欲再往訪之。關公曰：「兄長兩次親自拜謁，其禮太過矣。想諸葛亮有虛名而無實學，故避而不敢見。兄何惑而斯人之甚也？」玄德曰：「不然，昔齊懷公欲見東郭野人，五反而方得一面。況吾欲見大賢耶？」

張飛曰：「哥哥差矣，量此村夫，何足為大賢？今番不需哥哥去，他如不來，我只用一條麻繩縛將來！」

上列引文選自《三國演義》，從文中可知，劉備（玄德）已拜訪孔明兩次，皆未見著。此番是第三次前往，亦即著名的「三顧茅廬」之舉。請你仔細閱讀引文，說明：若你是孔明，當你聽到張飛對你的批評時，你會如何回答？（限一五〇字內）

基於對孔明的了解，當學生化身爲孔明之時，自然不能怒氣衝天、慷慨激昂地與張飛對辯，也不能上天下地、自以爲是地亂說一通，回答內容必須切合他一貫的風範與態度。這種題型要求學生在指定的情境中歸結出看法，亦是屬於典型的情境作文。

台北市成功高中八十九學年度第一學期第二次模擬考的命題作文：

同學們於模擬考此時，正是歲末天寒之際；傳說在耶誕鈴聲裡，有天使翩然來臨，爲冷風颯颯的大地帶來安慰和鼓舞，帶來幸福和希望，更帶來正義和公理；而且，天使但求給予，不望回報。

試將自己比擬爲造物者安排在不同地方的天使，以誠摯的關懷和付出，守護著被陰霾籠罩的人間。請以「無情荒地有情天——我，就是今年的天使」爲題，寫一篇不少於五百字的文章。

題目鋪展了一個情韻濃厚的情境，引導文字不但指引出思考方向，更明確要學生設身處擬的空間中發揮感思。這個作文題目若未經裝點著色，是要求學生在反思之後，寫出自己能付出什麼、做些什麼，而此處提供了「扮演天使」的情境，相信學生的作品會在溫馨的氣氛中，反映出深沉的省思與無私的胸懷，這就是情境作文的命意妙處，所給予學生的啓迪勝過傳統作文許多。

二、教學指南

有人將藝術創作的過程概分爲「觀察、體驗、想像、選擇、組合、表現」，情境作文也可套用這個模式，以個人對外界的觀察與內在的體驗爲基礎，發揮想像力，再選擇某些部分重新組合，表現出符合命題的情境。

㈠爲一個詞描摹出具體畫面

單純的情境作文可以爲一個形容詞描摹出具體畫面，例如近來非常受歡迎的繪本作家幾米，曾經寫過一句話，大意是「看了一場看不懂的電影，發現四周的眼神都是那麼陶醉與專注，突然發覺自己非常孤獨」，用這個情境來表達孤獨的心態，不是非常生動嗎？像這樣以特定情境寫出一種情緒、感覺，可算是情境作文的基本練習。

(二)對某種特定情境加以敍述

情境作文雖然是新開發出來的類型，其實每個學生從小都經過這種模式的練習，作文題目如「最快樂的一天」就是要描繪那一天的情境，「考試前後」要勾勒出考試前的苦讀、緊張與考完試的放鬆、高興或懊惱，「校外教學記」通常要刻畫之前的期待與當時的情境……諸如此類的題目都是從一己的經驗出發，要求學生對某種特定的情境加以敍述，這是情境作文。還有一種老師經常出的作文題目「××的自述」，××可以是動物、植物或無生物，題目要求學生化身爲他物，表達它的感受，這也是情境作文。

學生小時候所寫的情境作文比較單純，只要從自己的記憶庫中取出舊檔案重新編排、整理就可；現在的情境作文固然包含的層次較豐富，但也不需要特別的對應技巧，因爲大多數的作文題目都牽涉到情境設計的問題，寫作時，都需要藉助想像力去組合安排抽象的概念與思維，再利用表達能力將這些所思所感具體呈現，並做藝術化處理。傳統作文如此，其他種類的新題型作文也是如此，幾乎都與情境作文有關。

用情境作文取代傳統的作文命題，在形式方面，多半是以較生活化、多樣化的情境取代單一的命題，教師在設計題目之時，應將學生的經驗與能力列入考量，避免以刻板固定的條件僵化學生的思考，也不該以超出知識範疇的情境爲難學生，而是提供足以啓迪思維、指示方向的相關線索，所以學生應當更能發揮自如。

㈢檢核摹寫和想像的能力

情境作文的命意設計，一方面在檢核學生對生活體驗的摹寫能力，另一方面在檢核學生觸發、想像的能力。針對前者，文思的延伸、拓展是以個人的生活體驗、生命思考作爲起點，所以在寫作之時，「將心比心，設身處地」是很重要的前提，思考過程中能將資料敍述的狀況具體化，設想人物的言行、心境，並推測情節的前因後果與發展始末，重新組織安排，就能連綴成文；針對後者，著重的是觀察力和想像力的發揮。

因爲題目走向活潑化、趣味化，淡化長期以來被詬病的教條與八股色彩，所以很能擴大學生的創意空間與自由度，有了觀察力和想像力，就能妙筆生花，讓原本呆滯死板的文章變得生動出色。

三、分類

此處分類的概念來自「轉化」修辭中的「擬人」與「擬物」兩種，「虛擬實境」指的是變化原來的身分，轉移時空背景作角色扮演；「轉化擬物」則是改變原有人的屬性，化作其他動植物或無生物，進行聯想。這種分類方式提供了兩個途徑，方便教師設計情境作文的題目。

(一)虛擬實境

就像輔導課程中「角色扮演」的活動一樣，寫作這一類的情境作文時，首先要設身處地，揣摩相關人物的言行與心理，勾勒出事件的發展，然後深入體驗玩味，補充內容，把握情境的特點，寫成文章。

【題目二】

引文是李頎所寫的〈送魏萬之京〉，請先閱讀，然後依下列說明寫作。

朝聞遊子唱離歌，昨夜微霜初度河。
鴻雁不堪愁裡聽，雲山況是客中過。
關城曙色催寒近，御苑砧聲向晚多。

莫是長安行樂處，空令歲月易蹉跎。

朋友魏萬要到京城，所以李頎寫了這首詩送他。第一聯用倒裝句强調離別之情，並點出了時令是秋天；第二聯代對方抒寫客愁，聽鴻雁啼聲、看雲山迷茫，都使得遊子憂愁傷神；第三聯遙想魏萬所要前往的長安景色；末聯語含勸勉，親切有味。

請你設想兩人臨別的情境，用對話的方式表達出來。李頎所言的內涵必須與這首詩相符，有不捨、有勉勵，至於敍事寫景的部份可以省略，也可透過話語傳達；而魏萬的回答必須針對李頎的話，不能毫無關聯。

注意：將兩人對話改寫成白話文，共十句，每句限於六十字內。

〔習作指引〕

1. 本次習作的重點是「設想情境」，利用「對話」的形式表達。
2. 習作時，並非亦步亦趨將全詩翻譯成白話文。要注意的是：這兩人的互動以李頎爲主控者，他表達了依依不捨之情，並勸勉對方不要在長安遊樂而耗費寶貴的光陰，若能把握這兩點，就不致悖離要旨。而魏萬之言則必須針對李頎所說的加以回應，才不至於各說各話。

〔例文〕

李：「昨天眼見萬物蕭索、霜冷長河，心中已覺惆悵萬分；今早又聽見你唱起離別的歌曲，更加傷懷。沒想到我們這麼快就要分別了，真是令人難過呀。」

魏：「是啊，這次我到了長安，將會停留很長的一段時間，必須和你作別，我也覺得依依不捨呢。」

李：「長路漫漫，一路上風霜淒緊，只有鴻雁鳴聲相伴，請你務必珍重。」

魏：「謝謝你，不論是客途聽鴻雁的愁緒或遊子過雲山的寂寥，都會因為有你的關懷而讓我好過一些。」

李：「推算行程，你臨近長安正是寒氣逼人的黎明時分。安頓好一切，到了傍晚，不知長安會是什麼景象？」

魏：「寒冬將近，陣陣的擣衣聲應該不絕於耳吧！唉，家家戶戶正準備團圓過冬，我卻必須遠行……」

李：「不要再傷感了，想必你一定知道長安是個熱鬧繁華的大都會吧。」

魏：「是啊。」

李：「莫怪我講話不中聽，請你千萬不要耽溺在應酬遊樂之間，弄得事業荒廢、一無所成。」

魏：「你的勸勉我會銘記在心，我會努力，一定不辜負你的期望。」（方盈文）

〔簡析〕　文章內容不悖離原詩詩意，甚至原詩的寫景敘事也透過對話傳達，可說是「忠於原著」，然而這個優點同時也是限制所在，如第五句李頎之言「推算行程，你臨近長安正是寒氣逼人的黎明時分。安頓好一切，到了傍晚，不知長安會是什麼景象？」是依原詩第三聯而來，但在此處與上一句的文氣不能銜接，且該句本身表達較爲牽强，不夠自然。

此外，題目要求以對話呈現，寫作時應該把握通順流暢的原則，本文有些地方因爲過於文謅謅而稍顯拗口，如「客途聽鴻雁的愁緒或遊子過雲山的寂寥」，就不太符合一般人的口語習慣。

【題目二】

請先閱讀下列敘述，再根據文末的說明寫作。

就讀高中二年級的小華是學校校刊社的社長，眼見出刊的日子一天天逼近。

他還極力向校方爭取刊登一篇同學批評校務的文章，但學務處基於行政立場加以反對，為了此事，他已搞得焦頭爛額。此外，改稿、編輯、與幹部溝通、與印刷廠聯絡等事務常常使他忙得忘了時間……。每當他在學校裡耽擱較久，比其他人晚回家時，全家人——父親、母親、奶奶，還有他的小妹妹就一起責怪他。

這一天，他又遲歸，家裡已經開飯了……

一家之主的父親脾氣暴躁，是傳統「嚴父」的典型；小華的母親是中學教師，也有學生為社團忙得昏天暗地，比較能理解學校中社團的運作的情形；奶奶一向疼愛小華，擔心小華晚歸是他行為變壞的徵兆；妹妹上幼稚園大班，愛撒嬌，很會看大人的眼色。

這些年齡不一、個性不一、與小華的互動情形不一的家人會怎麼指責小華？小華被「千夫所指」之後會如何回應？請分別描繪他們的表情、神態、動作，並將他們的話語內容寫成五則短文，每一則的字數在八十至一百字之間。

〔習作指引〕

1.請從個人的經驗出發，配合想像來寫作。

2.四個人都是在責備小華的晚歸，描寫時兼顧表情神態與話語內容，效果更生動。舉例來說，父親很有威嚴，可以這麼寫——父親臉色鐵青，眉毛高高地揚起，怒目逼視小華說：「今天是這個禮拜的第三次晚回家了，你忙，再忙，會有我工作忙嗎？像你這樣凡事都以社團爲重，看看這次期中考成績退成什麼地步，這樣下去，你不想上大學啦！」

3.學生在描繪家人的狀貌時，必也會去捕捉他們的指責爲何而生。有過這一次心路歷程的追溯，同樣的場景一旦出現在眞實生活中，他們應該比較能以同理心接受家人的情緒反應吧。

〔例文〕

父親

父親將手中的香煙點燃，心頭的怒火也同時引爆，炙熱的火苗在眼裡亂竄，沸騰到頂點的怒氣殺出雙唇：「跟你說過多少次，不許晚歸，這是命令，也是家規！」只見「永不妥協」四字深深烙印在他僵成向下拋物線的嘴角邊。

母親

糾纏的半白髮絲是她煩憂的表徵，皺著緊蹙的雙眉，母親語重心長地嘆道：「你看你，扛社團責任扛得連晚餐都不回來吃，再忙下去，難保連家都不回來了。」說完，盛了一大碗飯菜說：「先填飽你的肚子，再讓腦子想清楚，別讓自己被社團吃了。」

奶奶

奶奶用食指向小華的太陽穴戳去：「傻孫子，奶奶擔心得不得了，你好幾天都這麼晚才回來，我還以為你出事了呢！」說完，轉著佛珠不停念著佛號，雙手合十道：「老天爺，觀世音，阿彌陀佛，保佑他不要出事，不要學壞了。」

妹妹

妹妹將嫩紅的蘋果雙頰灌滿氣，噘起章魚似的小嘴說：「哥哥，你好壞喔！怎麼現在才回來，你不是答應教我畫圖的嗎？我明天就要交作業了，我都還沒畫，看現在怎麼辦？下次你再不守信用，人家就跟你切八斷，不跟你好了！」

小華

緊緊咬著的下嘴唇慢慢流出鮮紅的抗議，淚水早已在眼眶氾濫，滿腹委屈的小華在內心聲嘶力竭地堅持：「我錯了嗎？這樣的負責錯了嗎？你們不懂！根本就不

懂！」他衝進浴室打開蓮蓬頭，只聽到水與淚交融狂洩而下的聲音……（董于瑄）

〔簡析〕

寫作學生的年齡正與文中小華的年齡相仿，恐怕也有類似忙於社團而被家人指責的經驗，應能感同身受來勾勒小華的心態與表現；至於其他的家人，形象都極爲典型，只要配合觀察，不難摹寫。

本文對於人物的態度表情與話語內容無一忽略，亦能吻合設定的形象（嚴厲的父親、煩惱但能體諒的媽媽等），頗爲傳神。

【題目三】

用下列人物編寫一段充滿驚喜與溫情的情節，而你就化身爲故事的主角——哈利。

哈利：喜歡籃球、戴著眼鏡、心地善良的五年級小男孩

海格：哈利的鄰居，獨居、養了十隻貓的怪老頭

小波：哈利的淘氣狗

故事以這兩個人與一條狗和十隻貓爲主角，不必再增加其他角色，篇幅限於五百字左右，自訂題目。

〔習作指引〕

1.說明提供了人物及少量的背景資料，寫作時，要將內容情境鎖定在「驚喜與溫情」的範圍內，這種「角色運用」的情境作文極需發揮想像力來完成。

2.人物的作爲要和介紹的內容（如心地善良、個性古怪）相吻合。

3.依規定，採取我（哈利）第一人稱的主述立場，另外要注意字數的控制。

㈡轉化擬物

寫作這一類的情境作文時，大可自由地放縱想像力，無拘無束地表現出個人創意，越是活潑、不可思議的點子，在這類命題寫作之中，越是能收到良好的效果。這一類型題目的命題設計往往會提供一個開闊的天地讓學生任意翺翔，只要能把握主題的特質，善用觀察力與想像力，就能完成一篇別出心裁的妙文。

【題目二】

閱讀引述的詩句，回答下列的問題。

1.銀燭秋光冷畫屏，輕羅小扇撲流螢。天階夜色涼如水，臥看牽牛織女星。

2.人閑桂花落，夜靜春山空。月出驚山鳥，時鳴春澗中。

3.黃四娘家花滿蹊，千朵萬朵壓枝低。留連戲蝶時時舞，自在嬌鶯恰恰啼

上列三首詩共出現四種動物：第一首「螢」，第二首「鳥」，第三首「蝶、鶯」。請你選定一首，以詩中動物爲主角，將原詩情境（季節、時間、地點、景物、事件……）當作背景，加以想像，重新寫成三百字以內的故事。若詩中有多種動物，請選定一種即可。例如第一首，可以「我是一隻迷路的螢火蟲……」加以想像鋪陳。

〈八十九年語文表達能力測驗預試卷三第三題〉

〔習作指引〕

1.這個題目的重點是以人擬物，學生不只轉移原有的身分角色，連基本屬性都改變了，擺脫人的本位，從動物的立場發聲，文思可以力求活潑開放，這樣的寫作空間具有很大的彈性。

2.若不知從何下筆，則可以根據原詩所營造出來的情境成文。例如選擇以「螢火蟲」爲主角，依原詩可將時空背景設定在農曆七月的夏秋之交；以「鳥」或「蝶」、「鶯」爲主體，時序就把握在明媚的春季。其他的地點、景物、事件……都以原詩爲著力點，不必憑空杜撰。

〔例文〕

失足的星星墜入人間，漾開了陣陣心酸，揚起了人間煙火。

追逐熟悉，依舊冷若冰霜，冰點，沸點，伏在石柱上，重新思索。人說：「腐草化螢」，我何去何從？每顆星都有一段故事，傳說織女是天神的孫女，那關於我的神話呢？似乎褪色了，也許，在時間的流裡，沉了下去。無心人的恣意揮弄，我失速地跌落石階，落入了幽冷的光暈中，席捲了一切，漫入了身體。顛簸飛行，上上下下，喜鵲眷顧愛情，一回回地為有心人搭橋，跛了的我，神會眷顧嗎？我也在尋找一座

橋，庸庸碌碌。但我真的屬於那裡嗎？還是，宿命注定我必須在草塚間盤旋。……開始放逐。（王仁邦）

〔簡析〕

作者化身爲螢火蟲，以杜牧的〈七夕〉爲文章背景寫作，七夕傳說中的喜鵲在文中與螢火蟲互爲對比，喜鵲搭起牛郎織女相會的橋樑，備受重視；而螢火蟲雖身懷明燈一盞，卻是天上星星的失足，又被人們任意捕攫玩弄，命運淒涼，全文所呈現的氛圍與原詩情境截然不同。

本文的特色是文字抒情優美，字裡行間流露的情思哀傷可感。

【題目二】

下列引文選自張騰蛟的散文〈鄉景〉，請先仔細閱讀，然後依文末的問題寫作。

> 草是一種「動」物，任何一片可以被允許它們存在的地方，都可以發現到它們跳跳蹦蹦的影子。有時候，它們那頑皮的腳步還可以偷偷的踩到一些禁區裡

去。像是農田和院落什麼的，不過，每每侵入人們的禁區時，都會惹來一些是非，總是會被人們所驅趕。我就常常看到一些辛勤的農夫拿著他們的鋤頭，把一些草羣趕出了田間。

這一段文字轉化「草」的本質，將植物比擬成兼具動物的特性，寫得活潑生動，興味盎然。任何外物都有它的屬性，但經由文學的技巧，它可以被賦予其他生命或無生命的存在特質。當然，我們也可以測度小草的內在想法，再經由文學的手法表現出來。在上述引文的情境中，若是你身為小草的代言人，希冀人類聆聽你的告白，此時你將傾訴些什麼呢？文長限三百字以內（含標點）。

〔習作指引〕

1.引文提供了「人看小草」的觀點，而本文寫作時，則以「假如我是小草」的思考為主。

2.寫作時，必須掌握特定的情境。根據引文所述，草的生命力極為強韌，到處可見它們的蹤影，所以人們總是欲除之而後快。此一命題要求學生轉變立場來設想，屢屢被人們驅趕拔除的小草作何感想？有何心聲或辛酸呢？還是鎮日跳跳蹦蹦、「皮皮」無憂呢？

3.在描繪草的生存狀態與內在告白之時，不要忽略草本身具有的特質。

〔例文〕

一個晴朗的早晨，露珠在我身上反射出微微的光亮，這是大地每日賜予我的寶物。它洗淨了我的傷痕及汚穢，卻帶不走我內心的孤寂與哀戚。

昨日，我又被你用鋒利的鋤頭所驅趕，可是我卻無可奈何。風是我根落何處的主宰者，我無從選擇自己會在什麼地方生長，為何你要趕盡殺絕呢？難道你不知道我是付出了多少努力及需要多少運氣才能在這裡享受呼吸嗎？換個角度想想吧！其實我與你的生活密不可分，我可能在夢裡化身成為你枕頭下所夾的四片幸運草，抑或是當你寫有關堅忍不拔的作文時，那句有生命力的譬喻。

夜晚，一顆停留在我身上的露珠依舊清澈耀眼，不知你可否透過這個放大鏡，低下頭來，查看我多麼渴望你的體會及了解。（王盈捷）

〔簡析〕

作者化身爲小草，對於小草的特質能適當掌握，描寫有人喜歡摘取四葉的幸運草以及歌頌草的堅忍不拔，尤其精采。採「對你傾訴」的方式行文，強化了一己所承受的委屈和悲哀——生命力雖强，畢竟還是容易任人剷除割斷。抒情的呼告，具有感染力。

【題目三】

請先閱讀下列文字，再依據文末的說明寫作。

客廳有兩個小魚缸，分別養了兩條鬥魚，一條的身上佈滿了黑中帶藍的鱗片，另一條則有著豔紅的色彩。兩個小魚缸放在一起，兩條魚經常隔著玻璃缸對望，它們在討論魚缸外的世界。

請你化身爲其中一條鬥魚，寫出你和朋友的故事。故事內容要有情節敍述與對話，自訂題目，篇幅在五百字左右。

〔習作指引〕

1.寫作時，必須掌握特定的主題。根據引文所述，它們在討論的是「魚缸外的世界」，所以必須在這個範限內思考。

2.養過鬥魚的人都知道，一個魚缸裡只能養一條，敍寫之時，可就鬥魚這個特質發揮想像。引文還描述了兩條魚的外形，可針對不同的外形設想它的個性，這也是行文的線索之一。

3.注意文章的敍述觀點，以「我」（鬥魚）的口吻表述。

四、配合閱讀報告的實施

以特定情境爲舞臺，讓學生進行思維活動與語文表達，除了在課堂上實施作文訓練外，也可以配合教授課文與課外閱讀來進行。學生在學習、閱讀原始作品之後，教師亦可設計若干問題情境，讓學生據以思考觸發，如此亦有助於深入作品的內涵。以下是兩個設計：

【題目一】

〈虯髯客傳〉向來以藝術手法圓熟而著稱，讀完〈虯髯客傳〉後，請你化身爲書中主人翁，以當事者的立場與口吻表述在下列情境中的念頭、想法：

1.紅拂未見到李靖之前，在楊素府上之時

2.紅拂梳頭，見虯髯客取枕攲臥、觀看自己之時

3.李靖見虯髯客肆意觀看紅拂梳頭之時

4.虬髯客決定成全李世民，退出爭逐天下之時

5.李世民在劉文靜府上兩度遇見到虬髯客之時

請就上述情境，設若你就是紅拂、李靖、虬髯客或李世民，你的想法是什麼？也許思慮萬端、歷經掙扎後才做出最後決定，也許純然跟著感覺走，毫不猶豫就堅持了某種想法。作答時，請揣摩當事人的個性與思考模式，內容必須符合〈虬髯客傳〉一文所描述的人物作為。

【題目二】

雖然是用寓言體裁寫成的故事，卻絕非單純的兒童讀物，《小王子》一書討論了大人與小孩，哀傷與快樂，離別與死亡，愛情與友情等……，每一個議題都值得我們細細尋思。請在讀完《小王子》這本書後，依下列情境作答：

1.假設你是書中那個飛機故障、迫降在沙漠中的飛行員，請寫出當時的心態。

2.小王子愛著他唯一的玫瑰花，卻也因為她的傲慢、驕縱和虛榮而離開她。現請你以玫瑰花的身分，向小王子提出真心的告白。

4.狐狸教小王子「結交朋友要有耐心，不必多言語，要遵守某些原則」，牠還說：「你馴養了我，我的生命就出現陽光」。現在請你以狐狸的立場，描繪與小王子建立了馴養關係之後內心的感覺。

5.當與飛行員離別的時刻迫近，假設你是小王子，你心裡的感受如何？

6.在《小王子》這本書的眾多角色中，你覺得自己的個性和哪一個最接近？請說明自己的個性和他最接近的理由。並以那個角色的身分自我介紹（限於一百字左右），例如：「我是第五顆行星上的點燈人。我的工作是早上熄滅街燈，傍晚點亮街燈……」

五、結語

因爲情境作文的範疇經常會涉及國文以外的學科或知識領域，所以學生若能以開放的態度學習多元的知識，廣泛閱讀，培具多方面的知識見聞，必定有助於語文表達。此外，還必須養成親近自然、觀察周遭的習慣，畢竟大自然的物象、景觀能蘊含豐富的聯想與啓示，有過深刻的觀察，就可能有細膩的描摹；而且多體驗、關懷周遭的人、事、物，才能摹寫眞實的心路歷程，也才能以同理心揣摩他人的感受。

情境作文的開發，意謂著一個極富創意的語文空間逐步被建構成形，所以，教師不妨在平日教學時多引導學生進行創造性的思考活動，協助學生靈活運用手上的那枝文筆，不但有助於面對這一類新題型的寫作，同時也是全方位的寫作訓練。

源頭活水・有限與無限之間

——談「閱讀寫作」

一、說明

「閱讀寫作」相較於提供一段材料或引文的「引導型作文」，其精神頗有相似之處，坊間的作文分類也有將二者歸爲同類的。細究二者的區別，在於「閱讀寫作」所提供的材料（不論爲詩歌、文章、故事或分段的數則資料），已經具備較完整的旨意或內涵，它要求學生在仔細閱讀之後，有所整理、回應，提出個人的評論、意見或觀感；或者更進一步，希望學生能結合自身的經歷，或自擬題目，或指定命題，必須另外創作一文完篇。簡言之，「引導」的文字只作引路與啓迪之用；而「閱讀」所提供的材料，本身即是被處理的對象，寫作必須以它爲主角。

根據以上說明，下文擬將「閱讀寫作」區分爲「閱讀整理類」、「閱讀評述類」以及

「閱讀再創作類」三種。前兩類性質較單純，學生不論被要求整理或更動素材，或根據資料抒發個人見解，寫作的材料與範圍已十分明確。「閱讀再創作」則期望學生能更開闊或全面性地抒發己見己思，不黏滯於一文一事而已。不同類型旨在訓練學生不同程度的寫作能力，因此，它可以短文寫作的型態呈現，也可以要求書寫為完整的一篇文章。當然，具備正確的閱讀能力以及清晰的思考力是最基本的要求。

二、教學指南

教學活動中，如果匱乏了閱讀的源頭活水，一切的寫作終歸只是技巧的演練而已。是以不論課內選文或課外補充的材料，訓練學生自閱讀中歸納、摘要，進一步抒寫所得的能力便顯得格外重要。尤其，九十一年大學入學制度全面實施新案，教科書不再有標準版的前提下，不管學科能力測驗或語文表達寫作，勢必都要建立在出題者所提供或長或短的題幹敍述上，因此，培養學生「快、狠、準」的閱讀習慣與能力，實為當務之急。平日閱讀的材料，不論來自於教師提供或同學們分組蒐集，下列幾項是必備的訓練：

㈠摘要歸納的能力

本書前面所列舉的「基本型」作文各項訓練，不論是縮寫、仿寫、改寫或文章賞析，皆須建立在學生能快速綜覽全文後，歸納其重點，等待進一步「加工」之用；特別是長篇的閱讀資料，培養學生提綱挈領的能力尤顯重要。因此，課堂上不論是古文或現代散文，若能要求學生在初次閱讀之後，即能以口頭數語陳述內容大要，不失爲簡便實用的訓練方法。另外，學生若有定期剪報的習慣，規定每則之下須加眉批若干或心得數語，長久累積，文思自然快捷。此外，筆者曾在班上成立讀書小組，各組輪流出刊每週一次、以小張壁報張貼的「推薦文選」，規定入選文章必須附上簡要的推薦語，旨在對全班同學作引介、導讀的工夫，對負責出刊的同學而言，必須數語中的，自是極佳的摘要能力訓練。

㈡切中要害的評論

上述的口頭或書面訓練，大多只要求學生能綜言大旨，毋須針對某一特定議題或觀點抒論。但若提供的範例本身較具爭議性，不論正反觀點，或不同的角度、立場皆可論述，那麼，學生必須在充分掌握背景資料後，抓住關鍵點，確認自己的立場，蒐集相當的例證或理由，才能在下筆之際，明快簡要，不枝不蔓，直指要害。

平日課堂上，舉凡觀點歧異的論類文章，或古人的翻案之作（例如：〈縱囚論〉、〈留侯論〉），都是很好的訓練材料。另外，具爭議性的時事話題（例如：基因科技與倫理道德的衝擊），學生平日若能養成關懷時事的習慣，對報上的新聞，勿迷眩於聳動的標題或炒作的熱潮中；懂得擇取類似「深度分析」或專家學者的評論來仔細閱讀，自能培養一己獨立的思見，才不致人云亦云，下筆之際，立場全無。

㈢精確布局，嚴守遊戲規則

據筆者近年批閱學生試場作文的經驗發現，作文題下分明寫著：「文長不得超過二百字」、「撰寫一篇四百字以內的文章」，學生不是沒看見，而是對於作文的字數概念十分模糊。好比上台報告，明明三分鐘的時限，卻總見台上學生緊握資料，搶住麥克風宣讀了六、七分鐘，尚且欲罷不能！究竟三分鐘可以講多少內容，學生完全缺乏概念。

近年的試場作文型態多半爲一長文搭配一短文，短文約佔一〇%～一五%的配分，字數一般限定在二百字以內；長文則爲較正式的文章，配分重，字數至少在四百字以上。初上陣的「新手」最常犯的毛病便是：卷上的短文寫作滿滿完篇，後面的正式作文才寫兩段，來不及收尾便告「陣亡」；不然，便是先寫完後面長文，徒留短文一片空白。類此時間估算不當導致嚴重失分，其影響之鉅，學生豈會不知？筆者以爲，這跟學生對長、短文不同性質的布局缺乏認知有絕大的關係。比方寫作兩百字短文時，如果一開頭的引論或事例就寫了一百多字，等要暢述己見時，赫然發現卷上格子已所剩無幾，此時，再有多少嘉言美意，也只能大嘆時不我予，有志不得伸了！

簡言之，學生平日在習作或模擬考試時，如能養成嚴守字數要求的習慣，知道同樣一個題目，寫成兩百字和六百字的文章差別何在。什麼時候該一針見血，明快簡潔；何時可以從容布局，完整盡意，所謂「尺幅長短，各有天地」，下筆之際，豈可不愼？在懂得摘要歸納，亦能充分暢述己見之時，如果疏忽了卷面上清清楚楚的「遊戲規則」，那損失和遺憾將是無法彌補的。

三、分類

㈠閱讀整理類

此類作文可說是閱讀寫作中最基本的能力測試，它檢驗學生對於所給予資料理解、綜合、排序的能力，或進一步提煉其精華、濃縮其文字，改換成另一種敍述形態出現，茲就以下二題爲範例說明之。

【題目二】

閱讀下列資料，綜合各則要點，重新組織，以〈再生紙〉爲題，撰寫一篇四百字（含標點，不必抄題）以內的白話短文，以發揮資料中的觀念。

1.「環保」這個話題，近年來在全世界引起廣大的迴響，多年來人類罔顧「環境倫理」，對大自然任意破壞，已導致地球生態環境的失調。……以被稱為地球之肺的熱帶雨林為例，平均每一秒鐘就有一個足球大小面積的森林遭砍伐，而其砍伐的速度卻遠超過樹木的生長速度，面對此種情形，消失中的森林已逐漸成為世界共同的隱憂！

2.「再生紙」廣義而研就是把廢紙回收處理後再製成的紙。其中有工業用再生紙及文化用再生紙。……就紙漿來源來看，雖然國內一九八九年廢紙回收量高達四五%，居世界第一，但每年仍必須自國外進口大量廢紙，其原因不外乎國內廢紙回收沒有分類，或者是分類不合乎紙廠處理條件而導致了資源的浪費。如果能將國內廢紙妥善回收，則可節省每年進口紙張的巨額外匯，更可減少垃圾產量及延長垃圾場使用年限，可說是一舉數得，故在廢紙回收的流程中，分類是一個極重要的關鍵！（按：考題中共徵引八段資料，限於篇幅，茲不贅引。）

〈八十五年大學入學推甄試題〉

【習作指引】

1. 八段文字提供與再生紙相關的數據、資料，共同的理念則是珍惜森林資源的環保呼籲。題目要求考生必須「綜合各則要點，重新組織……以發揮資料中的觀念。」

2. 考生作答時，須先快速閱讀資料（文字總長約為一千三百字左右），並能提綱挈領，經濃縮、摘要之後，重新組合成一篇完整的文章。測試的重點為學生歸納、整理以及重新架構的能力，考生毋須放著資料不用，再另起爐灶自己作文。

3. 由於題目要求字數需在「四百字之內」，對考生取捨資料以及精簡文字的能力將是極大的考驗。八則資料中，光是將有明確統計數據的資料一一引錄，文字已近四百字，考生要不要全用？怎樣的敍述在徵實之外又能達到簡潔的要求？事實上，一篇四百字的正式文章，扣除開頭結尾，正文部分大約只能寫二十來句完整的文句而已。這樣一想，對洋洋灑灑的上千字資料，考生便知如何「慎選節用」，如果估算錯誤，重點尚未言及，無奈字數早已「爆掉」，不可不慎！

【題目三】

下面有三項資料，是三隻駱駝的自述，仔細閱讀後，寫一篇介紹駱駝的說明文。（字數一百字以內，包括標點符號）

1.我叫晴晴，我的身體長得很高，脖子很長，在沙漠裏能看得很遠。上星期我在沙漠裏行走了七天，又找不到水源，幸好我是不會覺得口渴的，因我的駝峯貯存了很多脂肪，供我救急之用。

2.我叫輝輝，昨天跟一大隊旅行隊走在沙漠，那時風沙真大，我趕忙緊閉鼻孔才能抵禦漫天的風沙。我看見那些商旅趕忙用毛巾掩著鼻子，閉起眼睛上路，真是有趣。

3.我沒有名字，但人們看見我和我的同類，都叫我們「沙漠之舟」，因為我們完全適應了沙漠的生活，人們都把我們當作沙漠上的交通工具。在沙漠上行走，人們最感謝我的，是我經常替他們尋找水源，因為我的嗅覺特別靈敏呢！

〈八十九年屏東女中模擬考試題〉

〔習作指引〕這一篇資料由三段自述組成，要求閱讀之後整理爲一百字以內的說明文（原文長約三百字）。考核重點在於原文第一人稱的自述口吻，必須轉換成客觀的介紹文字；其次，文中交代因果關係及駱駝眼中所見的實況，在百字以內的嚴苛要求下，只能盡量刪去枝節，合併同性質的重點，簡化爲七、八句概念性的說明文句。類似的訓練在課堂上大約只須十幾分鐘即可完成，或放在日常評量中習作亦可。

㈡閱讀評述類

此類作文考核的重點在於學生能否針對所閱讀的資料掌握其文旨、寓意所在，加以分析、評論，或提出一己的觀感，或演繹、延伸其理，既能切要而論又須見解獨到，評述的文字應力求具說服力。至於所提供的閱讀材料，常見的有：饒富寓意的小故事，不同立場、耐人尋味的對話或呈現利弊互見的議題、觀點……等。

【題目一】

1.閱讀下文後，依提示作文。

2.文言、白話均可，唯須加標點符號。

3.題目自訂，文長以六百字爲限，不得使用新詩體或書信體寫作。違者不與計分。

「白毛浮綠水，紅掌撥清波。」這是古人對大白鵝的描述，王羲之最欣賞這種鵝，在會稽時聽說有個老太婆家有一隻。便央人去跟老太婆情商，要購買這隻鵝。老太婆堅持不肯出讓，王羲之無法，只好親自登門觀賞。那老太婆一聽王羲之要來，不敢怠慢，便把鵝宰了招待這位貴人，以表敬意。於是專程來看鵝的王羲之，結果所看到的只是一盤鵝肉，只有廢然而返。

上述是記載於《晉書》〈王羲之傳〉的一則故事趣聞。同樣一隻鵝，老太婆如此看，王羲之如彼看，你呢？如何看待這隻鵝，或者如何看待這兩個人、這一件事？請發揮你的想像力、思辨力寫出一篇文章。

〈八十八年建國中學模擬考試題〉

〔習作指引〕

1.這則載於晉書的故事頗令人有「焚琴煮鶴」之嘆，兩種不同的「賞物」觀點，在我們現實人生中往往也有類此的歧異或困境。你呢，你的價值標竿立在哪裡？對芸芸眾生的取捨或好惡，你是隨波逐流、還是自命清高？

2.文中要求你對這隻鵝、這兩個人和這件事都要提出評論，學生似不必過分拘泥於一褒一貶，或大加撻伐「宰鵝」一事。出題者強調發揮你的想像力與思辨力，換個不同立場，會讓這篇評論文章的內涵豐富許多。

〔例文一〕

玩笑

老天和鵝開了一個玩笑！

一個天大的玩笑。雖說，豹死於其皮美、豬亡於其肉香，但鵝的死卻因為受名人青睞。聞風來欣賞的義之，只能面對「木已成舟」的遺憾，換句話說，鵝是被白白犧牲了。生命中，白白被我們糟蹋的事物太多了！考生案牘勞形，喚不回健康，換不到分數等值的回饋；為了不敢表達而委曲求全，得到令人不悅的結果，再生自己悶氣……。沒有一樣東西注定為了另一樣東西的存在而成全犧牲，自以為是的執著，時常走了太多的辛苦路。

老天開了老太婆一個玩笑。

讓她諂媚不成反而斷了後路。她眼中的鵝，大概只有食用價值吧！以為羲之為了肥美而來，自然不可怠慢，這種一心「以己心忖度他人之心」的人，所在多有。我們不也常主動幫別人做些自以為「很體貼、很細心、很周延」的事，只是，我們幫的，真是別人需要的嗎？

＊　　　＊　　　＊

老天開了羲之一個玩笑。「己之所愛，因己而亡」這是何等不堪的局面！當那一盤鵝肉上桌時，羲之恐怕對鵝有太多說不出的虧欠吧！「愛之，適足以害之」，羲之在不知情的情況下，將鵝逼上了絕路，我們呢？是不是也曾為了在乎，以關愛之名，而將自己所愛的人，一步步逼上一條我們亟不欲見到的路？

＊　　　＊　　　＊

是不是所有的事情都不可預期和避免？

然後，我們每每在事後感嘆命運的作弄？

老天，真的開了我們一個玩笑嗎？（廖悅婷）

〔例文二〕

自然的協奏曲

戰國時，河裡有條小白魚，一如往常的在水中游呀游，卻有莊子和惠施在橋上為它爭辯不休；事隔數百年，會稽一隻大白鵝也一如往常地悠游於自家的池塘，沒想到卻招來殺身之禍。

正如老子的觀點，人間有了美醜，也就有了災禍。當一羣自以為脫俗的「文人」，認為「白毛浮綠水，紅掌撥清波」的鵝叫做「美」時，毛不白，掌不紅的鵝身價頓時下跌，他們不幸嗎？未必，在鵝的世界裡，人的讚美什麼也不值，倒是那毛白掌紅的鵝從此多事！牠們似乎受盡寵愛，宰殺用的肉鵝永遠輪不到牠，三餐吃得飽，但一連串的偶然與誤會，竟讓牠失了性命！

義之愛鵝，他愛的白鵝卻因他而死。老太婆也許不愛鵝，但她知道這是隻尊貴美麗的鵝，只是在她的心中，義之的地位更高一等，大白鵝也就這麼犧牲了。「大道廢，有仁義；智慧出，有大偽；六親不和有孝慈，國家昏亂有忠臣。」當人開始出現於地球時，地球不知已存在了多久！自然中的萬物自有其依存、運行之道，人們何苦硬在它們身上加一套標準，不僅攪亂了人類的世界，而受害的又豈止是一隻鵝而已？

是什麼害死了大白鵝，是欣賞牠的義之？親手宰殺牠的老太婆？還是牠自身的美

麗？我想，是人類違背了自然之理，鵝，不過是個不相干的受害者罷了！（張欣蕙）

〔簡析〕

讀完這則「趣聞」，我們也深有「怎麼會這樣呢」的惋歎。例文一中，作者抓住「玩笑」一念發揮，感慨之餘，立能觀照現實生活中類似的困境與迷思。例文二中，作者以老子的觀點切入人間紛亂的根源，美醜標準既立，殺身之禍隨之而來，違反自然的代價，犧牲的又豈止是隻鵝而已！二文內涵雖未能十分深刻周密，但短文中頗見警策之語：「自以為是的執著，時常走了太多的辛苦路。」這是年輕孩子面對人世間的錯綜糾葛時，所發的一點體悟與感喟吧！

【題目二】

細讀下面一段文字，領會其中心思想，然後以〈鸚鵡之死〉爲題，寫一篇感想和評論，文長不拘。

我的鄰居有一隻美麗的鸚鵡，幾天前，逃出籠子，主人痛心，我也惋惜。但又想，鳥歸林，魚入淵，正是「得其所哉」，便也心境安然。誰知幾天後，在山坡上的樹林子裡，找到的卻是牠的僵硬屍體，看守林子的老人說：「家養的鳥兒，用不著找吃找喝，慢慢的會失去尋食的本能，一旦飛出籠子，難免要餓死。」主人半信半疑，拿回來一解剖，可不是，腸胃空空，沒半點食物渣子。可悲啊！天底下竟有這鳥兒，飛到廣闊世界，卻餓死在秋實纍纍的林子裡。

〈八十九年屏東中學模擬考試題〉

〔習作指引〕

初看此文，與〈莊子・至樂〉篇中魯侯「以己養養鳥，非以鳥養養鳥」的寓言頗有異曲同工之妙。被迎入的海鳥「眩視憂悲」，不吃不喝，三日而死；而飛出的鷃鵪則死在秋實纍纍的林子裡。對於人們自以爲是的愛與關懷，牠們都以血肉之軀祭出嚴正的控訴。習作此文時，對於可與生命價值並列的自由、回歸、人性最初的渴望等，皆可從不同的角度探述。而鷃鵪究竟是死了，孰令致之？悲劇可否避免？這是一篇很值得「小題大作」的文章。

〔例文二〕

人們總想多留住一點美麗的事物。然而美麗的事物大多是短暫或無法掌握的，或如曇花一現、或如夕陽西下，於是人們拍照、速寫、凝神——只為盡情享有這美好燦爛的一刻，也許因為它短暫，所以更顯珍貴。

養鳥的人，或許就是為了保有這份美麗吧！他們不捨得、不甘心讓這樣的美麗浪跡山野，於是他們把這樣的美帶回家，讓鸚鵡的五彩斑斕停駐在主人視線一公尺的範圍內，以便主人天天可以欣賞。當然，鳥主人的細心呵護也是不可少的，要讓鳥兒看起來精神奕奕，毛色才會更鮮艷柔亮。於是，鸚鵡在如此舒適的環境下，吃住無虞，更毋須擔憂天敵。那麼，牠為何要逃離？

我們或許忘了，在一身美麗羽翼下憂鬱的靈魂。是，牠是有生命的，有體溫，會思考的。當熟悉的廣闊藍天忽地縮小成一扇窗口，任誰都會驚惶。就算每日都有得食，但那源生自生命本初對自由的渴望，卻是無從禁錮的！物性本趨自由，毋庸置疑，就如同萬物之靈的人類自始至終追求無拘無束、個體解放，那就是本性，像水性就下、花開花謝般自然，沒有理由。

鸚鵡沒有理由地逃離了籠子，牠回到牠熟悉卻竟然陌生的樹林，在歡呼自由的同時，牠卻也疑惑，接下來該怎麼辦？於是牠用力振動翅膀，在林中盤旋，卻驚覺自己的身體正在下墜……。

璀璨的羽毛殘骸下一副空腸骨，這是美麗的宿命。也許美麗不該逃離，但誰又會想到在人們無知的違反自然下，會扼殺一個生命？

人類最好不是這樣的一個罪魁禍首。（卓沅蓁）

〔例文二〕

我們家曾飛走過四隻鸚鵡，鮮黃色的羽毛綴上血紅色的腮紅，振著亮麗的翅膀，逃出束縛的牢籠。那牢籠，其實是甜蜜的束縛，但終究抵不過麻雀的誘惑，那自由藍天可飛翔的誘惑。牠們一個一個出走，忘了帶走籠裡的飼料和水。我懷疑，牠們認得雨水嗎？牠們識得果實嗎？

追求自由似乎有本能的動力，不顧一切地逃離所有的框框。但是有一件事情被忽略：依賴。依賴是無數條牽絆我們的線，像是木偶的控制繩，一旦剪斷，木偶連一根指頭也舉不起來，不由自主的，木偶必須有所依賴。我們家的鸚鵡殊不知自己已成了我的木偶，竟自己斷了生命的繩子。

求生能力必須從複製中學得，複製父母的習慣、求生的方法，也就是學習，從別人的經驗中擷取，生命的泉源在於自身不斷的努力。鸚鵡被我們囚養，不知從何學習，那學習的機會已被我們壟斷，小心翼翼地細心照顧，變成殺死牠們的兇手，牠們獨自在空中飛翔時，已預告了終將被我們的愛溺死。

溺愛，往往出自不自覺，給孩子魚吃，卻不教孩子釣魚，這是通病。本身看不見的盲點，沒有空間的愛讓人窒息，廣闊的天空才令人嚮往。（李又寧）

〔簡析〕

例文一藉鸚鵡的死，探述人們之於美的私心與盲點。美麗成爲不可逃離的宿命，自由的召喚必須以肉身血祭。作者文字溫和，但對人與萬物，豢養與逃離之間的矛盾關係已稍涉及。例文二則藉鸚鵡的出走，批判人與物或人之間的依賴關係、溺愛情結。作者簡潔道出「沒有空間的愛讓人窒息」，「求生能力須從複製中學得」，既能理性觀照，又能直指要害，細細思之，頗令人心驚。

【題目三】

隨著人類的生命之書——基因圖譜的公布，各方期待與質疑的聲浪也紛至沓來，科技上重大的突破往往有正反兩面效應，基因科技自然不會例外，以下文字對基因科學的發展有正反兩面的看法，請仔細閱讀後，依個人的觀感和思考，探討基因科技與倫理道德的衝擊現象，撰寫一篇五百字以內的文章，須標明題號，不須定題目。

1.基因檢驗能夠發現許多胎兒的潛在問題，從而降低畸形兒的發生率，不過後遺症也令人擔憂：部分父母可能會決定拿掉只是「不夠理想」的胎兒。

2.當科技已經到達能改善壽命，改善生命的境界，為何還要去規範它？但是，如果「長生不朽」的成本並非人人都付得起，那麼它將會是有本事的人才「買」得起的東西？

3.即將問世的基因檢驗將能夠預警基因型態容易罹患癌症或心臟病的人們，讓他們及早調整生活型態，然有人擔心基因篩檢技術會幫「富人」製造「訂製」的兒童，或相關知識會遭濫用，作為創生具高度智慧或強健體能的「超人生命體」的操控工具。

4.基因研究可能改善疾病的發生率，延長人的壽命，但是否因此將來的小孩勢必要和一羣長壽的老人競爭，壽命延長是否會延緩世代交替、阻礙新觀念的激發，值得觀察。

5.確定帶有某相同隱性遺傳疾病基因的男女避免有小孩，可使該遺傳疾病逐漸絕跡，然結婚前，男女雙方要不要互換基因圖？

【習作指引】

1. 科技文明帶來的利與弊，是不斷追求進步的人類心中永恆的交戰。如此一個受萬方矚目的科技新貢獻，它的隱憂與質疑也隨之而來。孔子時代猶言：「未知生，焉知死？」今日人們早有能力破解生命的密碼，然而，隨之衍生的各種問題，人類是否已有萬全的準備？

2. 探討「基因科技」與「倫理道德」的衝擊現象，對學生而言頗是「大哉問」！幸好五段資料中只要善於歸納所謂的「兩面看法」，確定你的立場，再加上中肯的引言和結論，五百字的文章並不難完篇。

3. 學生平日若對時事潮流、各種新知有所涉獵，並常保持高度的關心，在面臨類似範疇的意見抒發時，將更爲得心應手。

【題目四】

閱讀下列一則故事後，寫出對這兩種不同人生價值觀的感觸，請自選角度，加以發揮。

退休老人與年輕人的對話

一位退休的老人問一位看起來無所事事的年輕人：

「為什麼不去做事呀？」

「為什麼要做事？」

「做事可以賺很多錢呀。」

「為什麼要賺很多錢？」

「可以儲蓄起來呀。」

「為什麼要儲蓄？」

「等像我這麼老的時候，就可以退休，衣食無缺，自由自在過日子呀。」

「我生活簡單，只要做一點點事，現在就可以自由自在過日子呀。幹嘛要等到老呢？」

（節錄《講義》／〈牆角雙賢〉）

1.請自訂題目，未擬題目者扣五分。

2.文章要分段並加新式標點，以白話散文書寫。

〈八十八年中山女高推甄試題〉

〔習作指引〕

不同的年代，兩樣的價值觀，這是可以發生在當今台灣任何一個角落的對話。半世紀以來，戰後的一代承繼前人勤奮刻苦的精神，締造了經濟奇蹟。然而，晚近二、三十年出生的一代，拜富裕之賜，從小不虞匱乏，對上一代刻刻奉行的理念、人生哲學，甚至是致富之道，乃有截然不同的思考。習作此題時，學生藉此可以檢視自己心中的價值取向，比較認同怎樣的人生觀。這當中沒有什麼高下對錯，只是，選擇怎樣的觀點，便經營怎樣的人生。學生不必空陳高調，務實抒論才是根本。

㈢閱讀再創作類

這一類型有別於前兩類，在於它不僅僅是資料的整合、歸納，或直接就材料抒感、評論而已；它必須藉由閱讀吸收融會之後，成爲自己的「素材」，重新再出發。一般而言，題目會要求你寫成一篇完整的或敍或議的文章；或希望你結合自身的體會經驗寫作此文。

總之，此類所提供的「閱讀材料」，並非寫作的唯一對象，亦不能成爲最終目的。你可以援用、可以評述、可以藉此引起議論，但不可以全篇文章局限於材料本身。

【題目二】

1.艾森豪少年時，常和家人打牌。有一次拿到一副很壞的牌，心情非常不好，一邊打一邊埋怨。艾森豪的母親聽了很不高興，斥責道：「玩牌要懂規矩，不論拿到什麼牌，都不能抱怨，而且要盡力打好它。人生也是這樣，不論遭遇到什麼處境，都要盡可能的依當時的條件做到最好，這才是處世應有的態度。」艾森豪能成為美國總統，母親的教訓得益匪淺吧！

2.日本劍術家宮本武藏，有一次柳生去拜見他，迫不及待地問道：「依我的根基多久才能成為一流劍客？」武藏回答說：「大概十年。」柳生又問：「如果加倍苦練呢？」「那要二十年。」柳生不解說：「如果日以繼夜，廢寢忘食地努力呢？」「那大概要三十年。」柳生更是不解：「愈努力，要成為一流劍客的時間就愈長，豈不矛盾？」武藏終於嚴肅地回答說：「成功是人人都想的，你的兩眼死盯著『成功』二字，又哪有時間看自己呢？一流劍客永遠要保留一隻眼睛看自己啊！」

以上兩則故事，都是生活上常發生的事，請以「生活與智慧」爲題，寫一篇敍述兼議論的文章。

〈八十九年台灣省學力測驗試題〉

〔習作指引〕

讀完兩則生動的名人故事，學生一提筆，往往直接就故事中人物進行評論，或闡述其中蘊含的立身處事之道。但是，請注意題目所提示的：「以上兩則故事，都是生活上常發生的事」，便會明瞭：玩牌和論劍只是個引子，你所申論的重點當然不是「母親的教誨」或「如何成爲一流的劍客」。你必須把目光轉回自身，從別人的經驗中領悟，成爲自己生活中的智慧。所以這是「閱讀再創作」，而不只是「閱讀評述」。

〔例文一〕

從前有一位劍術十分精湛，堪稱出神入化的劍客，他足跡遍天下，只為尋得一口絕世的寶劍；在此之前，他身上絕不佩戴任何他看不上眼的劍。皇天不負苦心人，他終究覓得了一口吹髮能斷、削鐵如泥，堪稱當世第一的寶劍。但不曾嘗過敗北滋味的他，卻在使用這口寶劍的第一次便敗下陣來。究竟是這口寶劍浪得虛名，還是對手太厲害？對方亦不過是個以竹枝為劍，曾是他手下敗將的普通少年，這究竟是怎麼一回事？

原來，當此劍客一心尋劍時，雖是以筆代劍，卻是以享受劍術的心情來經歷大小戰役。此時的他，手上無劍，心中亦無劍，陶然遨遊於劍術淵博的世界。等到真正實劍在手的那一刻，他和人打鬥的目的卻已成為向世人證明：一位卓越的劍客和一口超羣的寶劍會是多麼驚人的組合！因此，他不是敗給了少年和竹枝，而是輸給了自己的心。

「甚愛必大費，多藏必厚亡」。當一個人過於執著於自己的目標，往往在不知不覺中付出了無法預估的代價。每個人都有自己所愛，但卻不能因為過於專注而捨本逐末，見樹不見林。劍客太過專注於劍上，所以妨礙了劍氣的流暢；因為一心求勝，反而破綻百出。同理，當自己日思夜想的目標就在前方，此時莫不欣喜若狂，卻也不得不防。

人生所抱持的一些信念，往往到最後變成無法斷根的偏執。當執著產生，雖可堅持到底，勇赴目標；一旦執念太過，使心意混亂而看不清事實，反倒造成無可彌補的憾恨。心無羈絆地去看清世界，才發現有多少人正在自己設下的圈套裡，無止境地打轉。（謝心怡）

〔簡析〕

原文兩則故事的寓意十分顯豁，第一則的「盡力做到最好」和第二則的「永遠留隻眼睛看自己」，事實上是頗能互爲表裡的。但學生的習作，似乎遷就於命題中語意較籠統的「智慧」二字，有人只言智慧之於生活的重要，有人自寫他生活中得到的某一啓示，於原文隻字不提。上述二者皆有所偏失，習作此題時，必須與學生稍作說明。所選例文，作者也藉一位劍客尋訪寶劍的故事，旨在傳達過度執著形成的偏執，反陷自己於困境。題材、立意頗有相仿之跡，卻能自抒己意，別成一格。

【題目二】

閱讀寓言詩〈鳥的評說〉，完成下面文題。

麻雀說燕子
是怕冷的懦夫
燕子說黃鸝
徒有一身美麗的裝束

黃鸝說百靈
聲音悅耳動機不純
百靈說最無原則的
要算那鷓鴣
鷓鴣說喜鵲
生就一副奴顏媚骨
喜鵲說蒼鷹好高騖遠
蒼鷹說喜鵲寸光鼠目
……

根據〈鳥的評說〉，自選角度，自擬題目，聯繫生活實際，寫一篇不少於五百字的議論文。

〈一九九五年大陸全國高考作文試題〉

【習作指引】

1.這則選自大陸高考試題的寓言詩十分有趣，透過鳥言鳥語，不同族輩相互批評，心中各自一把量尺，惟有自己才是最合乎標準的。

2.文題中明言「自選角度，自擬題目」並且要「聯繫生活實際」，因此，這不僅僅是閱讀之後的觀感或評論，它是結合自身經驗的再創作。學生立定一主旨後，必須充分發揮其理，如能引生活實例相印證尤佳。

〔例文一〕

角度

麻雀嫌燕子，是個怕冷的懦夫，人們卻讚燕子是個從一而終的忠實旅客。燕子笑黃鸝，徒有一身美麗的裝束，人們卻喜黃鸝豐富了視覺感受。黃鸝罵百靈，聲音悅耳、動機不純，人們卻愛百靈悠揚的樂聲。百靈斥鸚鵡是個沒原則的傢伙，人們卻寵鸚鵡能言善道、博君歡心。鸚鵡瞧不起喜鵲，生就一副奴顏媚骨，人們卻崇喜鵲屈為橋樑、成全織牛。喜鵲譏蒼鷹好高騖遠，人們卻誇蒼鷹志向遠大、傲視羣雄。蒼鷹又恥喜鵲寸光鼠目，人們卻好麻雀身子雖小、五臟俱全……

何以相同的事物卻有著截然不同的評價？何以人人只能看見別人的缺點呢？我想答案只是——角度問題。我們生活在這樣一個立體的空間中，每一次看到的，永遠只是物體的三個面，而另外三面，則是隱藏而未知的，它們平分了這個物體的秘密，一邊一半，不多也不少。若只瞧了一次，是無法完整描繪出全貌的，更別說瞭解了。這正是一個千古難解的陷阱啊！古往今來，跳進去的人何其多，偏見、詆毀等負面的價值觀皆由此而生。

其實，逃脫的法子很簡單，不過就是轉個彎，再多瞧一眼罷了。端詳那完整的六個面，填補上未知的空白，是非、優劣，或許就能猜個八九不離十吧！至於自己呢，就得再拿面鏡子幫個忙，一前一後，映照出完整的身影；或試著去了解別人眼中的自己，借助別人的角度，那也是一面鏡子。（賴柏瑾）

〔例文二〕

缺點的迷思

古人曾評：「各以所長，相輕所短。」這不僅是文人才子的弊病，更是千古以來筆鋒舌戰的起因。斑斕如虹彩般的羽衣、輕快的滑行剪水之姿、宛轉清脆的鳴聲及展翅高飛等特色，使鳥類在常人眼中顯得不凡，在混濁的世間帶有一絲不與萬物同流的風采。然而，當牠們相望相視時，卻只見對方的缺陷，那穿梭在彼此眼光中的嚴厲批評，把自己的氣息也貶得一文不值了。

能以冷靜的態度去評人論事是一件美事，但若少了理性的頭腦，融入太多負面的情緒，先入為主的自以為是，把別人的特點都曲解了，那帶著酸味的冷嘲熱諷才是最令人不屑的行為。古代不懂尊賢納諫的君王，便是昏君；沒有容人雅量不樂成人之美的，便是佞臣；而恃才傲物，不願屈居人下的才子，即使有周瑜的風流瀟灑，仍不免含著「既生瑜，何生亮」的悲痛而終。若只以缺陷來看世界，那象徵著歷史長流的萬里長城只成了斷瓦殘垣；鮮紅欲滴的玫瑰也不過是一叢刺人的荊棘，沒有一件事物能支撐起這畸零扭曲的世界。

若百靈能欣賞鸚鵡的學習能力，除了鳥語外還能說人話，而不以「沒原則」去看待；若蒼鷹能以安守本分取代寸光鼠目來欣賞麻雀，鸚鵡能以成人之美的角度去看喜鵲——這種樂見其成的雅量，不但沒有貶低自己的身分，反而顯出自己真知灼見的不凡，甚而促成英雄惺惺相惜的美談。在一片醋意之中，注入一股清流，狹小視野也能逐漸開闊，見到好山好水的全貌。

萬事萬物沒有絕對的好壞，差別在於一個人的心境和角度，當我們用一顆澄澈的心去觀照萬物，學會「欣賞、包容、愛」的時候，我們便送給自己一份最好的禮物——一個充滿真、善、美的人間天堂。（林尚謙）

〔簡析〕

例文一中作者就「角度」一旨發揮，角度不同，評價全然改觀。首先，作者補足了原詩中漏失的另一面——肯定與讚美。接著申論唯有設法看清事物的全面，才能跳脫千古難解的陷阱，文末點出借他人爲鏡以瞭解自己作結，文字不長，但切入恰到好處。例文二中同樣點出了迷思，但筆力深刻，兼融古今，羅列歷史、物象爲證，視野更宏闊，立論更見紮實。

【題目三】

閱讀以下資訊，請以「創意人生」爲題抒寫你的看法。（下列資料，僅供參考，未必一定引用）

1. 梭羅：如果一個人，沒有和他的同伴保持同樣的步調，那可能是因為，他聽到了不同的鼓聲。（王溢嘉〈世說心語〉）
2. 當代經濟學家賽樂曰教授認為：後工業社會的主要經濟活動是創意，因為，創意就是財富和權力。（張系國〈創意不傳〉）
3. 心理學家威廉．詹姆士說：「天才，事實上，跟以往非慣性的方式去知覺事物相差無幾。」（王溢嘉〈蟲洞書簡〉）

4.八十九年七月上旬，在「科技與人文」座談會中，紀錄以下的諍言：

「中研院士麥朝成、林耕華、吳京及國科會人文處長王汎森強調：台灣的教育改革應重視能否激發出下一代的『創意』，否則無法培育出新時代需要的人才。」

「知識經濟中，最重要的不只是追求量產，更重視創意；如果沒有科技創新的想法，就不會有發展。」

「知識經濟時代必須強調創意的價值，因為凡是創造都有獨一無二的特性，對於人類社會產生無可預測的影響力。」（節錄自中國時報／八十九年七月九日）

〈八十九年台南女中模擬考試題〉

〔習作指引〕

1.提供若干條相關的名言或資料作爲寫作素材，其中心主旨和要求寫作的題目是一致的，這樣的形式在目前國、高中的作文訓練中十分常見。它和引導式作文非常相似，只是所提供材料的完整性和連續性更強而已。如果資料羅列達七、八條以上，並要求你重新組合整理，那便應歸入前面的「閱讀整理類」了。

2.題目要求學生閱讀四則書摘及引言後，以「創意人生」爲題，抒寫自己的看法。作答時宜留意資料中名言乃出自不同時代、不同的專業領域，因此，引用時盡量「師其意」而不必全段照錄，那將顯得相當凌亂，且不免淪爲「學舌的鸚鵡」之譏。比較恰當的寫法該是認同「創意」之後，回歸到自己的人生中深思、加分吧！

【題目四】

下列文章是一八五四年印地安酋長對當時白人強佔土地，所發出的質疑與警語。在這世紀末期，地球上許多物種加速趨於滅絕，生態災難、聖嬰現象正是大自然的反撲，讀此文更讓我們有無限省思。試就人與自然的關係，提出你的觀點。

請以白話文書寫。不得以詩歌小說行文，題目自訂。

萬物相連。

凡是發生在地球身上的事，

必將發生在地球兒女的身上，

生命之網並非由人類編織，

他只是網上的一線。

、

凡是他對這網所做的，
他乃是對自己所做。
……
當所有的野牛均被屠殺；
所有的野馬都被馴服；
森林所有幽祕的角落都充滿了人的汗味；
當豐饒的山坡都被電話線所汚染；
人生還是什麼人生？
灌木叢哪裡去了？不見了。
老鷹哪裡去了？不見了。
向奔馳的野馬說再見，
向狩獵的日子說再見，
這又算什麼呢？
這是人生的結果，偷生的開始。

（節錄自〈怎能出賣空氣〉）

〈八十六年新店高中推甄試題〉

〔習作指引〕

1.此題以一首相當質樸動人的譯詩作爲閱讀材料，結合一段引導文字，要同學以「人與自然的關係」提出個人的觀點。一般同學看到與「環保」或「自然」相關的話題，往往不假思索，立刻寫成現代「環保八股」（指文章針對台灣現狀大加感慨、譴責一番，或對「我們只有一個地球」提出空泛的呼籲），寫了多少年，立意與層次均不見提昇。

2.一個半世紀以前，印第安酋長的話，爲什麼到今日還值得我們省思？閱讀之際是否有什麼感動了你？我們並不狩獵，也沒有土地將被掠奪，但身爲地球人之一，目睹生態的急劇改變，平日你關注些什麼消息？人與自然的關係，你是否曾自古人的詩文、或現代作品中得到什麼啓示？這些來自平日閱讀的點點滴滴，長期的關懷思考，才能在下筆之際，言之有物，誠懇而不作高調。

【題目五】

正值青春年少的你，嚮往的是的浮士德勇往直前的人生，還是陶淵明恬淡自得的人生？請在閱讀下列文章之後，自行訂定題目，提出你對人生的看法，文長不限。

兩個給我力量的名字

歌德通過他的〈浮士德〉告訴我們：人生是一個永遠不能息肩的重負，唯有堅韌不拔的前行者能夠獲救。浮士德最後超越了世間的苦痛，正是仰仗於他自己不斷努力、不斷前奔的精神。歌德通過他的偉大詩篇，安慰了所有勤勞的靈魂，並道明了一個顛撲不破的真理：唯有永恆的努力可以使人生贏得自由。每次想到歌德，我就有力量，就想做事。我喜歡可以給人以力量的文學作品。

與浮士德永不滿足的精神相比，陶淵明好像已經滿足於心遠地偏的小天地之中，其實不然，他也有追求。他追尋的是蘊藏於日常生活中那永恆的美。如果說歌德給人以偉大美（壯美）的啟迪，那麼，陶淵明則給人以平凡美（優美）的啟迪。陶淵明尋求人生解脫的方式，是一種東方式的最簡單的辦法，這就是在最平淡的生活中保持自己的理想、節操和心靈的平靜與樂趣。歌德認定人只有不斷進取才不會被魔鬼所俘虜，而陶淵明則認為只有守住心靈的自由與寧靜，放棄外在價值的嚮往，才不會被魔鬼所征服。歌德與陶淵明的區別，乃是英雄式的人生與常人式的人生的區別。前者可以作為史詩時代的符號，後者可以作為散文時代的符號。現代社會乃是沒有英雄沒有偉人沒有轟動效應的散文時代，它似乎更需要陶淵明那種善於在平淡無奇的生活中保持高尚審美情趣的心靈。我願意把陶淵明視為別一意義的英雄。

歌德的浮士德精神與陶淵明的桃花源精神，是人生方式的一種悖論，兩者皆有充分理由。無論是選擇哪一種，只要覺得自己的選擇乃是真實的生命存在就好。歌德的自強不息是真實的，陶淵明的自樂無求也是真實的。他們都把人生放置在很美的境界中。

以往我只覺得當浮士德難，現在覺得當陶淵明亦難。在海外八年，我常讀陶淵明的詩，並常和他一樣過著最簡單的生活，這才發覺，簡單的生活並不簡單。要在簡單的生活之中保持高尚的理想、情操，要在平淡的生活中保持心靈的平靜、安詳和自由，是需要力量的，需要抗拒外界壓力和誘惑的力量。魔鬼並不僅僅與浮士德似的人物打賭，它同樣也不放過在田園裡從事耕作的人們。它先是讓這些人們陷入極端的孤寂之中，然後調動人間各類勢利的眼光來照射他們和嘲弄他們，最後又用名聲、地位和各種世俗的榮耀來煽動他們的欲望。要抵禦這一切並不容易，除了需要知識力量、意志力量以外，更需要人格力量。因此，陶淵明的平凡平淡，看似簡單，其實並不簡單。（劉再復）

附註：〈浮士德〉，德國作家歌德所作之詩劇。敍說浮士德爲了體會人生、了解世界，與魔鬼簽訂契約，內容爲魔鬼必須盡一切可能滿足浮士德的要求，但若浮士德有一天停下了對於知識、人生的追求，則靈魂將被魔鬼收去，墜入地獄。

〈新竹中學模擬考試題〉

〔習作指引〕

1.十七、八歲的年紀對於「人生觀」的摸索、質疑到建構，是一個永不過時的課題。通常在不給任何條件的情況下，你問他們答案，也許是從小生存在期許和競爭的壓力中，學生多半寧捨沈重而就簡約，不願高唱服務，只要活得快樂就好。（當然，寫成作文時，他們會稍加潤飾一番，但普遍的基調大柢如此。）

2.偏好此文，只因作者對於兩種人物的崇仰和追求是透過眞心的晤談，不作理論性的高調。「以往我覺得當浮士德難，現在覺得當陶淵明亦難」，此語來自眞實生活的體悟，字裡行間看似尋常，卻自有深厚的力量。

3.學生閱讀此文，毋須設防，也不必二選一，非歌德即淵明。他可以與內在的自我交談後，也試著尋找那力量的來源。年輕的生命何其珍貴，教育之中，太多的口號高論反而令他們望而卻步！不如回頭眞心面對自己，當他們讀懂了作者所謂「陶淵明的平淡平凡，看似簡單，其實並不簡單」，或許他們會開始有一些些思考和反省：人生要追求快樂，沒錯；但眞正的快樂，看似簡單，其實並不簡單。

【題目六】

窗外正前方是一片海洋。我們看見一條大鯊魚，嘴裡坐著一個小人，他一點也不害怕，在水天相連的地方有條船，船長是個獨眼龍，還有一隻鐵手。

這是一艘海盜船。它駛向一個小島，島上住了個人，他能通曉各種動物的語言，一隻鴨子替他管家，這是真的。島上還住了位木匠，他因為寂寞和傲慢，用一塊松木做了個小男孩，可惜小孩太會說謊，所以沒能帶給他快樂。每次小孩說了謊之後，鼻子就會長一些。現在，小孩例外的沒說謊，而是睡倒在一棵樹下，在樹根附近有隻兔子拿了個懷錶，到處亂闖，口中直嚷：「我遲到了！我遲到了！」在天上我們可看到一羣野鵝，在領航的那隻鵝的羽衣上坐了個小男孩，一點也不害怕地飛越過海洋。他幾乎可以摘月。那時的月亮是全白的？模糊的？還是藏在雲層裡？月亮裡的小男孩坐在有輪子的小床上到處轉動。房子的正前方，也就是海灘，那裡正有十五隻穿著高雅的企鵝，牠們唱著：「在早晨的霧水中我們往山林走去，嘩啦啦！」山在遙遠的後方，假如我們把眼睛瞇起來的話，可以

看到海蒂和她的小羊彼得正在山頂上唱山歌。（艾爾克・海登瑞〈我有很多書〉）

閱讀上面一段文字後，請回溯你的閱讀緣起，記敘童年時代特別深刻的閱讀印象（不限定爲書本內容，可以包含當時相關的人、事或物）；並且透過閱讀的記憶，檢視你的成長軌跡。題目自訂，文長五百字以上。

〔習作指引〕

童話曾經伴隨我們長大，不分國度，不管哪一個世代。成長過程中，對於最初的閱讀印象，深愛的讀本、人物或情節，經過時間的淘洗後，也許停格在記憶某處，也許早被理性世界推翻，逃逸無蹤。

這篇文字原附有圖片：一位身著短衣褲、光著腳的小女孩，站在厚厚一疊書上，手肘恰可搆到窗台，背對著我們，深深向窗外凝望。配合文字讀來，那樣的畫面令人動容，多麼孤單又多麼豐富的童年！學生們的童年呢？在衣食無虞、富裕的表象下，也許深藏著我們想像不到的幽微一面，透過閱讀的記憶，隱隱地在暗處發光。題目要求學生回溯閱讀緣起，並藉此檢視自己成長的軌跡，透過書寫，學生會不會遇見另一個自己，也曾站在童話書上，深深地向窗外凝望呢？

四、結語

閱讀之於創作，本就如源頭活水一般，源頭不枯，寫作方能如魚得水，自在豐沛。閱讀可以是一種分享，一種思考創意的激發，更是面對內在自我一種恆遠寧靜的晤談。

「閱讀寫作」首先須建立在優良的閱讀文本上，好的文本除了知識的提供外，要能與學生內在的生命情境或過去的生活經驗有所呼應。前文提供的題目中，有寓言故事、也有熱門話題，有人生觀的對談，也有與大環境相關的人文思考……材料來源十分多樣。三種類型中，「閱讀整理類」訓練的是閱讀之後整合、改寫資料的能力；「閱讀評述」則根據文本，激蕩學生在理性思維中邏輯架構、剖析事理的能力；而「閱讀再創作」除了奠基在前面兩項基礎外，它還引領學生回到自我生命經驗中，去尋找相應的切合點。書寫本是一種面對「大我」，表達「小我」的工具，好的閱讀文本正可以此爲思考的起點。

其次，在命題技巧上，「閱讀整理類」所要達到的能力指標是比較明確而固定的，其訓練類近於文章的「縮寫」或「改寫」，出題者必須給予一定的命意或格式，甚至字數也須「嚴格管制」。而「閱讀評述」及「閱讀再創作」兩類，相形之下，則顯得寬闊自由許多，其所提供的文本多半爲包容性高，如正反雙呈、仁智互見的議題，或寓含豐富哲理的小故事。學生藉著閱讀，可以結合已知、所學，充分地抒發一己思感，既不像傳統命題作文必須搜索枯腸、湊數成篇；亦毋須在單一訓練目標下，飽嘗不得一騁才思、暢所欲言之苦。

因此，在命題時，儘可能以不範限學生因閱讀而觸發的思維、感受爲原則；必要時，透過短短的引導文字，明示學生以文本的閱讀爲基柢，筆下可以自由建構一座富麗的花園，自在泅泳於閱讀與書寫兩個領域中，如魚之「相忘於江湖」，豈不美哉？

裝點著色·平淡中添加滋味

——談「應用寫作」

一、說明

所謂「應用寫作」是指將文學應用在日常實用性事務的寫作，例如新聞、廣告、柬帖、書信、啓事、楹聯、公告……等等。隨著資訊的發達，文學在講究包裝、重視行銷的現代，扮演舉足輕重的角色。君不見一句傳神的廣告台詞，不但爲產品打開知名度，刺激消費量，有時更能帶動一種價值觀或生活態度，成爲某一時段縈繞在人們耳畔的催眠咒語；一個成功的廣告文案，可以左右一場選戰成敗，少有人能不被這些動人的文學包裝所蠱惑。所以應用寫作只會越來越重要，能運用的層面也將越來越廣，它是文學的生活化，也是生活的文學化。

二、教學指南

應用寫作以「實用」爲主，不能爲求精緻美化而犧牲了實用目的，喧賓奪主將使一切文學的經營背離題旨，失去著落。這類寫作應注意下列幾個原則：

㈠把握各類別要傳達的主題，所有的裝飾、美化都是爲了凸顯這個主題，不可讓文學意義蓋過實用意義。

㈡應用寫作應顧及事實，也應力求靈活，若負有宣傳任務的類別不妨幽默、風趣、簡短，以達成引人注目、加深印象的效果。

㈢文體的選擇要適合類別需求，例如新聞寫作當以散文爲主，廣告、柬帖則可考慮新詩，配合傳達的內容，適切的文體可以產生加分作用。

㈣切勿過度誇張，以免給人缺乏誠信的感覺。

筆者曾看過一個金飾連鎖店的廣告詞是這樣寫的：「女人在黃金中找到自己」。句子很簡短，主題也很明確，只是怎麼看都覺得不妥當，應該就是太過誇大，以致產生了反效果。所以從事應用寫作需時時自我提醒，不能以文害義，能達成實用效能才是成功的應用寫作。

三、分類

根據不同的應用功能，區分爲新聞寫作、文稿、廣告、文宣、柬帖、書信、啓事等七種，以下逐一介紹。

(一)新聞寫作

新聞寫作是透過虛擬的記者身分來報導事件，應具備客觀描述事實的能力。有時給簡單的人、事、時、地、物，讓同學發揮成篇；有時給零亂的資料，要同學分析、組合，重新整理。新聞寫作應注意：

1.要具備新聞寫作的格式，或是「記者○○○／台北報導」，或是「○○○／高雄報導」，或是「○○○／台北訊」……雖不盡相同卻也差異不大，只要有新聞報導格式即可。

2.寫作時要特別注意第一段「導言」的作用，爲讓讀者在快速瀏覽中能立即掌握重點，也爲方便編者在版面不足時可以部分刪除，新聞寫作的第一段通常要將事件提綱挈領的點出，第二段之後才詳細敘述。這也是新聞寫作在結構上不同於一般文學作品之處。

3.新聞寫作應力求客觀公正，不要有含糊或情緒性的文字，也應避免帶主觀價值判斷的字眼。

4.若是標題寫作則應掌握切合主旨、簡潔流暢、引人注目、具有創意等原則。

【題目二】

閱讀下列報導，爲這段文字擬一個標題。主標題一句，副標題二句，每句字數以不超過二十字爲原則。

【陳鳳蘭／台北報導】地震發生時，勞工在職場受傷算不算職業災害？勞工家中如因地震發生災情，是否可回家探視？勞委會昨天指出，如果勞工因震災而請假回家善後或照顧家人，雇主不得視為曠工，但可不給薪。至於地震時在職場受傷，如果不是因為雇主未善盡安全衛生設施所致，不算是職災。

勞委會指出，天然災害發生後，勞工如果確實因為天然災害無法出勤，雇主不得視為曠工，或強迫以事假處理，但勞資可以協商如何發給薪資。

例如，颱風或地震發生時，如果交通中斷，勞工無法到班，就可適用上述規則，如果勞工已經到班，卻發現家中發生地震災情，也可以請假回家探視情況，雇主不得因此將勞工視為曠職，不過可以主張不給薪。

至於地震時，如果勞工因為雇主沒有依照規定做好安衛設施，以致設備傾倒，造成勞工受傷，可視為職業災害，勞工可請領職災給付；但若不可歸責於雇主，即使地震時在上班地點受傷，也不能視為職災。

（中國時報／九十年六月十五日／第三版）

〔習作指引〕

本則報導重點由第一段開頭的兩個問題已清楚點出，標題的擬定應以突顯這兩個重點爲主，主標題涵蓋的範圍應比副標題大，立說的角度應比副標題高。

〔例文〕

1. 勞工震災得不支薪請假

天然災害雇主不得視為曠職

設施不全導致受傷視為職災（劉子賢）

2. 地震時勞工權益有保障
震災可以不支薪請假
雇主應做好安衛設施（王哲世）

3. 勞工抗震有法可循
勞委會：天然災害未能出勤不得視為曠職
返家探災情得不支薪請假（溫健雄）

〔簡析〕

第一、二則的副標題同時使用整齊的句子，也同時將請假和職災兩個議題納入，只是一從消極面寫，一從積極面寫，都有把握下標題的要領。第三則的主標題比較有創意，一般「抗震」一詞用在建築物，用在人身上就會產生趣味效果，副標題能指出「勞委會」，也讓主標題的「法」字有著落。

【題目二】

閱讀下列文字，依照提示完成任務。

十二月十五日早上九點，在高雄達仁高中校園荷花池邊，達仁高中校長和立德高中教學組長有一段對話。

「承辦這一次全國語文競賽，貴校動員了所有人力，實在是太辛苦了！校長一定好幾天沒好好睡一覺了。」立德高中教學組長一邊看著比賽手冊一邊和校長打招呼。

「您也辛苦了！連著三天要陪學生壓力也不小。從昨天八點開幕到明天下午四點閉幕，各組競爭很激烈。」校長面帶微笑，很親切的說。

「的確。不管國小、國中、高中職或是教師組，每一位選手都是各縣的精英，昨天我觀摩了演說比賽的國語組和客語組，非常精采，幾乎難分勝負，閩南語和原住民兩組因賽程衝突，只好購買錄影帶回去看。」組長稍露遺憾的說。

「不只演說競爭激烈，朗讀、作文、寫字、字音字形也都很拼，很多參賽者花了大半年時間在準備，我們做籌畫工作的一點都不敢大意。只希望比賽能順利，不要有失誤或糾紛，各縣市政府的領隊都很注意這些，稍有一點爭議馬上就會有問題。」校長嚴肅的樣子看起來有些緊張。

「承辦學校真是責任重大。因為各組第一名有五千元獎金，第二名以後也有四千到二千不等的鼓勵，大家都希望自己的選手能得到公平待遇，尤其國中和高中職組又關係到推甄、申請入學的資格，就更加小心翼翼了。貴校不管場地、賽程，服務都很周到，校長可以放心。」

「要真是這樣就謝天謝地了。不過昨天倒真挺順利的，已公布的成績也沒有人來申訴抗議，各組裁判費了很大心力。」校長嚴肅的表情稍見和緩。

「好漂亮的睡蓮，早上我剛到時都還合著，現在陽光一照射紛紛都開了，難怪叫睡蓮。」組長邊欣賞邊湊近瞧個仔細。

「這兩池睡蓮可是我們學校的最大驕傲，人家都說有幾分莫內畫筆底下的味道呢！這次特別把比賽場地安排在這棟大樓，這兩大池漂亮極了的睡蓮，一定可以讓勝利者覺得花朵在為他喝采，讓不順利的同學感覺花朵在給他安慰。」校長表情得意極了！

「哇！校長真詩情畫意。至少我會和學生在這裡多拍幾張照片，說真的，要在都會區找到這麼大片又開得這麼密集的蓮池還真不容易。真謝謝校長的美意。」

「我走了，祝你的學生今天有好表現。」

以上是達仁高中校長和立德高中教學組長的對談，將一項全國性競賽的大致內容陳述出來。請你以一個文教記者的身分，從上述文字中提煉出有用的訊息，寫成四百字以內的新聞報導。

1.這篇報導將在當天晚報刊載，注意時間詞的正確性。

2.這是新聞寫作，不是改寫，請注意格式。記者的名字請自行虛擬決定。

3.不必定新聞標題，直接從報導內容開始寫。

〔習作指引〕

先從對話中提煉出這項報導的新聞元素。

人：全國各縣市國小、國中、高中職、教師組的語文參賽者。

事：全國語文競賽，分五組進行。

時：十二月十四日至十二月十六日三天。

地：高雄達仁高中。

物：比賽場地有兩池美麗的睡蓮。

利用這些資訊，以客觀方式將兩人對話中曾提及的材料敘述出來。本則新聞因大多是資料性的訊息，較少事件進行的經過，適合用先簡短敘述重點，再題綱式交代新聞內容的方式寫作。

〔例文〕

【記者李掬／高雄報導】一年一度全國語文競賽在睡蓮盛開、美不勝收的高雄達仁高中舉辦，昨天已進行一天賽程，預計在明天下午閉幕。來自全國各地國小、國中、高中職及教師組的選手，分別角逐演說、朗讀、作文、寫字、字音字形等五個項目的獎項，競爭十分激烈。

這個全國性的競賽由各縣市政府組隊，得名的選手可以獲得獎金鼓勵，第一名有五千元。這項成績同時也關係到推甄或申請入學時的資格，所以更加受人矚目，比賽過程不能有任何疏失或不公平處。各縣市領隊無不關心，若有疑異，立刻會向主辦單位提出申訴或抗議。

這三天比賽正逢達仁高中睡蓮盛開時節，主辦單位刻意安排比賽場地面對美麗的池塘，一大片睡蓮趕在此時爭妍奪艷，似乎也在為選手加油，亮麗的景致讓參賽者有一個比較緩和的氣氛。

達仁高中動員了大量人力承辦這項全國性競賽，各項安排及服務都十分盡心，應是這次活動中的大功臣。

【簡析】

首段將人、事、時、地、物都涵蓋進來，使人一目了然。次段說明比賽的獎勵和影響，照應首段的競爭激烈。三段特別將報導焦點落在睡蓮，爲新聞內容增添一點感性。結尾讚美主辦單位用心，是四平八穩的寫法。

大部分重要的材料都運用了，其中演講分四組沒有提到，現場可以購買比賽錄影帶也沒提到，篇幅許可下其實可以帶入，內容會更充實。

【題目三】

以下是有關淡水文化節的相關資料，閱讀之後，請以一個記者身分，寫成四百字左右的新聞。

1.這則新聞將於四月十八日見報。

2.根據報導內容，為這則新聞加上標題，標題字數不限。

活動名稱：來去淡水尋古味

活動時間：四月十九日至四月二十五日

活動地點：淡水捷運站廣場、中正路小吃街、淡水鎮公所禮堂。

活動內容：

1.捷運廣場——認識淡水的過關遊戲，共分十站，每過一關可獲得點數，累積一定點數可享受免費咖啡及兌換獎品。

2.中正路小吃街——介紹淡水著名小吃，魚丸、阿給、魚酥、阿婆鐵蛋、炸蝦捲、彈珠汽水、酸梅湯……。

3.鎮公所——淡水文物展。包括紅毛城、馬偕牧師、牛津學堂、偕醫館、福佑宮、清水巖祖師廟等歷史文物資料展出。

其他相關資訊：

1.紅毛城是西班牙人於西元一六二六年所建，以為傳教據點。歷經荷蘭人、鄭成功、清朝，直到民國六十九年政府才順利收回，列為一級古蹟。

2.馬偕牧師將一生奉獻給台灣土地，提昇台灣醫療品質不遺餘力，對教育也貢獻良多。

3.偕醫館是馬偕牧師來台最初行醫場所，建於西元一八七九年。

4.牛津學堂是馬偕西元一八八二年所建，是台灣最早的西式學校。

5.福佑宮完工於嘉慶元年，式淡水開發的起點，當年泉州人渡海來台，為增加團結，集資所建，主祀媽祖。

6.清水巖祖師廟雕飾精緻，尤其屋頂的「雙龍搶珠」在台首屈一指。

〔習作指引〕

這則報導要在活動的前一天見報，所以敍述上要注意，如有用時間詞，必須寫成「明天」。將相關訊息靈活安排進報導中，以增加報導深度。標題也在整篇寫作評分範圍內，宜和內文相互輝映，因是藝文活動，標題可盡量活潑俏皮，或帶文學美感。

㈡文稿

文稿的用途廣泛，可能用文字呈現，也可能用聲音呈現。以文字面貌呈現的下筆可以較濃，以聲音方式出現應避免太過文謅謅，以免聽的人不知道你在說什麼。

【題目二】

許多廣播節目都有一段開場白，以這一小段話拉開序幕。有一個節目，相關內容如下：

名稱：夜的清醒

時段：每日晚間十一時到十二時

性質：一個閱讀和音樂結合的節目，介紹閱讀相關訊息，搭配以氣氛相容的音樂。

主持人數：單獨一人

請為這個節目寫一份文稿，當作每日開場白。字數五十到一百字之間。

〔習作指引〕

因為是晚間十一點的節目，文稿的語調應輕柔些，節奏也可以舒緩些。又因為是閱讀和音樂結合的節目，聽衆應該大都喜好閱讀，文案內容可以感性也可以知性，兼融更好。寫完唸唸看，音調要能順口、悅耳才適合。

〔例文二〕

夜深了，您清醒了嗎？歡迎打開「夜的清醒」。
讓這一小時沉澱您一天的紛亂，
帶著明澈的心靈走入夢鄉，
——越夜越清醒。（朱襄）

〔例文二〕

閱讀開啟您的智慧，音樂豐富您的心靈
不論今晚的天空有沒有星辰點點
來到這裡
我們會有一個共同的「夜的清醒」（吳稚萱）

〔簡析〕

兩篇都用短詩的方式，十分適合節目的情調。第一則先點出節目名稱，第二則到最後才帶出，都是可行的，會比放在中間讓人印象深刻。第一則用夢鄉的清醒喻說心靈的沉澱，在夢和醒之間倒頗有弔詭的趣味。第一則語調較輕快，第二則語調較平淡。第二則「不論今晚……」這句較弱些，不論意思或聲音，都沒有和前面承接好，「點點」讀起來太重。

【題目二】

大樹高中的籃球隊到你們學校訪問，班聯會要設計一張海報歡迎，請你替海報擬一份文稿，這張海報將張貼在籃球友誼賽的現場。請勿超過五十字。

〔習作指引〕

歡迎海報應盡量展現熱情和友善，內容應針對籃球隊特質著墨，最好能把青春活力表現出來，用語不妨大膽強烈些。

【題目三】

合唱團要改選社長，高二的林新如同學準備爭取這個職務，明天全體社員召開改選大會，有意參加競選的同學，要在會中對社員發表一篇競選演說，請你幫林新如擬一篇演講稿，陳述競選的動機、抱負和做法。

1.字數在三百~四百之間。

> 2.要是完整的演講稿，注意格式。

〔習作指引〕

題目中已提示內容是「動機、抱負、做法」，所以正文就按照這個方向下筆。至於格式，演講稿必有稱呼，可以很傳統的一開頭就稱呼問候在場聽衆，也可以先講幾句力道萬鈞的話再問候聽衆。前者平實、穩重、自然，不容易出差錯，當然也不容易建大功；後者出奇制勝，容易引起注意，但若力道不足反而顯得造作，所以要量力而爲。

因是演講稿，要盡量顧及口語的流暢性。

㈢廣告

廣告是透過大衆傳播媒體來傳遞資訊，目的在突顯商品特質，建立商品形象，以達成促銷的效果。雖有有平面廣告、電子廣告之分，但不論哪一類，文字語言都是重要成分，所以，文學在廣告裡自有寬闊的表現空間。

各類修辭在廣告中被大量靈活運用，例如「那我也會長得像大樹一樣。」「肝若好，人生是彩色的。」是譬喻的運用；「掌握良機，創造奇機」，「機不可失」運用雙關，爲手機廣告增添趣味；「他傻瓜，你聰明」運用映襯；「金莎吸引力，凡人無法擋。」運用誇飾，成功的修辭運用讓廣告詞張力大增，效果加倍。

【題目二】

請自創廣告詞五則，每則均應應用至少一種修辭法，並在文末註明商品內容。

例如：○○銀行貸您高人一等（銀行信用貸款廣告）

在車的世界裡拒作泛泛之輩（汽車廣告）

〔習作指引〕

用自己較熟悉的修辭來創造，可先在腦中定出商品類別再構思，會有較具體的方向。盡量大膽，即便「語不驚人死不休」也無妨。

〔例文〕

1. 讓雙腳的翅膀，引您飛向世界——鞋店廣告（連清文）
2. 一線在握，讓你「暗無天日」——窗簾廣告（黃唐翩）
3. 不必再周遊「列」國，這裡就是選擇——列表機廣告（周俊豪）

4.夏日裡相逢，我在你的體溫裡融化——冰淇淋廣告（林曼莉）
5.給自己一個隨時可以重來的機會——立可白廣告（張紹斐）

〔簡析〕
年輕學生創意無限，這類練習很輕鬆也很有趣，批改起來也容易，可謂皆大歡喜。

【題目二】

建設公司要推出一個案子，相關資料如下：
1.社區名稱：「桃源居」
2.性質：純住宅
3.週邊環境：臨捷運站、近大湖公園、步行五分鐘內有小學、國中。
4.建築物特點：二十層電梯大廈，中國江南風格的中庭造景，附設社區游泳池、康樂室。

請根據這些訊息，用「新詩」的體裁撰寫一篇廣告文案，當作報紙全版廣告的標題文字。以能打動人心爲主，不必列出詳細資料。

〔習作指引〕

題目已指定用新詩撰寫，體裁上一定要遵守。「桃源居」用的是陶淵明桃花源的典故，詩中若能塑造此處即現代人的桃花源的感覺，大抵就不會離譜。不必太長，盡量控制在十句以內。

【題目三】

廠商研發出一種新型的檯燈，可以摺疊攜帶，可以插電也可以裝電池，耗電量極小，燈光柔和不閃動，對改善照明度即保護眼睛有明確功能。

請爲這項新產品撰寫一段廣告文案，將在報紙、公車外壁、捷運站大型看板推出。

〔習作指引〕

廣告推出的方式包括公車外壁和捷運站，這都是人們不可能仔細閱讀的地方，所以必須簡短有力，讓人在幾秒鐘之內就能看清楚。

這項商品可摺疊、可裝乾電池是與傳統檯燈不同的地方，應可特別突顯。

〔例文〕

1. 把光線摺疊起來
帶到我們需要的地方（蔡千波）

2. 我不作飛蛾
我隨身攜帶摺疊式光明（簡邦霆）

3. 帶我去
我會為您點亮自己
——全國首創攜帶式摺疊檯燈（白宗介）

〔簡析〕

第一則運用轉化（形象化），第二則運用映襯和轉化（形象化），第三則也運用轉化（人性化），都堪稱簡短有力，頗有架勢。

㈣文宣

各種活動常需要文宣資料來吸引民衆參與，文宣資料一方面要達成吸引參與者的目的，一方面也要做到詳實告知參與者的義務，寫作性質介於廣告和報導之間，有包裝，也要有客觀事實。作文訓練中的文宣寫作，通常把重點擺在吸引參與者的部分，比較需要文學技巧。

【題目二】

二年十班在校慶園遊會要設置攤位，攤位的相關內容如下：

日期：六月五日
地點：慧樓二樓二一〇教室
時間：上午十時到下午二時
內容：鬼屋

請爲二年十班這次活動設計一份宣傳單。

1. 請爲攤位命名，並直接呈現在文宣上。
2. 宣傳對象爲校內同學。

3.只要負責文字部分即可，美編另有專人。

〔習作指引〕

園遊會傳單是非常活潑的實用性校園文宣，尤其內容是鬼屋，更應該盡可能製造懸疑、驚悚、冷酷、刺激等氣氛，激起大家的好奇、不服輸。

〔例文〕

光天化日就沒有鬼嗎?

無膽的不要來!

六月五日早上十點慧樓二一〇

「鬼才相信」!

來了你也相信

記得帶可靠的朋友在出口等候

因為鬼不能相信!

（註：攤位名稱叫「鬼才相信」）

〔簡析〕這份文宣在「鬼才相信」幾個字上繞來繞去，自有一種趣味。這是筆者學校園遊會中某班的一份宣傳單，配上驚悚的女鬼圖，效果不錯。

【題目二】

> 童軍社將在春假舉辦「陽明山國家公園古道尋春」活動，活動各項細節已規畫妥當，只等前言部分完成即可印製。請你幫忙寫出這份文宣的前言，字數以不超過二百字爲限。

〔習作指引〕這份文宣只要前言部分，同學可盡量從春天大自然召喚的角度來著墨，也可將結交新朋友當作另一個訴求重點。形式新詩、美文都很適合。

(五)柬帖

柬帖在生活中常用到，舉凡喜帖、邀請函、謝卡都是實用性非常高的柬帖。柬帖有一定格式，但隨著觀念的多元化，越來越講求個性，不少人自己設計，不再拘執傳統柬帖的格式。只要能明白交代柬帖必備的各項實用資料，又能讓收到的人倍感受到尊重，格式應該是可以自由發揮創意的。

【題目二】

> 高三同學要畢業了，學校要邀請家長、來賓、師長參加畢業典禮，需要設計一份邀請卡，典禮詳細資料已齊備，請你幫忙撰寫邀請函的前言。形式不拘，可用標題、對聯、新詩、散文等方式呈現。唯新詩不超過八行，散文不超過一五〇字。

〔習作指引〕

邀請的對象是家長、來賓、師長，發出邀請的是學校，敍述口吻要符合這個前提。用詞應搭配畢業典禮的氣氛，不外是期許、祝福、欣喜、成長、感恩、分享等。

〔例文一〕：以標題方式呈現

以愛展翅攀越顛峰

歡迎參加○○屆畢業典禮

〔例文二〕：以新詩方式呈現

高舉桅帆
靜定港口等待風的領航
當曙光穿透雲層的那一剎那
海
以瀲灩以驚濤
鋪成一條航道
——請您一起來為遠行的孩子加油

〔例文三〕：以散文方式呈現

那膽怯的、莽撞的、總得有人陪的孩子哪裡去了？時間雕刻師，將他們琢磨成獨立而勇敢的藝術品。即將展翅高飛的鵬鳥需要您的祝福。歡迎參加○○屆畢業生畢業典禮

〔簡析〕這是筆者收集到的畢業邀請卡的文案，各有特色。標題方式簡潔明瞭，「以愛展翅」具有動感，也含有參與者給予愛的支持的意思。新詩將畢業生比喻成待航的船隻，而海是人生長路，有波光瀲灩，也有驚濤駭浪，正是需要鼓勵的原因，全詩以期許爲主。散文對比成長的痕跡，主題擺在讚頌。

【題目二】

校園義工長期爲學校服務，風雨無阻，不求回報。請你代表班級寫一張感謝卡，向義工致敬。

1. 要具備完整格式。
2. 體裁不拘

〔習作指引〕前面要有稱謂，結尾要有署名，○年○班全體同學敬上。內文可以列舉義工付出的實況再言謝，感謝比較不會流於空洞。

㈥書信

書信是應用寫作中，同學最熟悉的種類，除了格式要注意外，其餘與一般散文寫作並無不同。傳統書信格式有許多規定，不過一般語文練習中寫作書信的目的不盡然同於應用文，只要把握「稱謂、內文、祝福語、署名、日期」這五項即可。至於提稱語、開頭的應酬話、結尾的應酬話和敬詞，都可以省略或視情況使用。

【題目一】

這學期洪哲英被推舉爲班級的衞生股長，以前，班上清潔工作一直作得不很理想，升上高三，大家忙於課業，恐怕情況要更糟。請你把自己當成洪哲英，寫一封公開信給全班，讓新學期的工作能順利。

請用完整書信格式呈現。

〔習作指引〕

所謂完整書信格式就是要具備「稱謂、正文、祝福語、署名、日期」等五項。收信的對象是同學，寫信的目的是希望同學認眞打掃，千萬不能說教，否則徒生反感，可能更遭反彈。最好動之以情、說之以理，誘之以利（例如趁機運動、累積獎狀張數、增進情誼等等），若能提出具體做法則更佳。

【題目二】

導師生產請產假，你是班長，請代表全班同學寫一封信函，向老師道賀，並報告班級近況。

1.請以完整書信格式呈現。

2.字數六百字左右

〔習作指引〕

首先應恭賀老師爲人母，並問候老師身體復原情況，報告班務可分幾個重點，最好是報喜不報憂，以免老師坐月子還得操心。也可說些趣事，這樣的內容較適合產婦虛弱的身心。

㈦啓事

啓事的用途很多，舉凡尋人、租屋、遷移、開業、徵才、警告、道歉……等，都會用到啓事。啓事的寫作原則以「平實、流暢、確切」爲主，不必賣弄文筆，以免因模糊空間太大而徒生爭議。能用條列方式盡量條列化。

啓事的格式前面要加啓事名稱，例如：徵婚啓事、尋人啓事等，然後才是正文的開始，最後要標署這則啓事是誰發出的。

【題目二】

王大空先生的愛犬走失了，他要在社區張貼尋犬啓事，以下是王先生口述這件事：

走失瑪爾濟斯犬，白色的，兩歲大。很傷心，不知道為什麼走失，為了這事，還跟太太吵架，太太認為我自己不小心。我家裡電話：三七五九—四五六九，如果能找回來，我可以給找到的人五千元謝禮。是在昨天（三月四日）不見的，明明就把門鎖上了，怎麼會不見？就怕給捕狗隊抓走了，我怕萬一晶片不能顯示，那就完蛋了……

請從王先生這段談話中，挑出可用訊息，幫他寫成一張啓事

〔習作指引〕

王先生因傷心，似乎有些語無倫次，夾雜許多情緒描述的話都沒有用處，只要標出「尋找愛犬啓事」，正文中說出啓事的目的、犬隻特徵、走失日期、懸賞金額、聯絡電話及聯絡人即可，當然也要註明張貼日期。

【題目二】

李奶奶有一間三樓的公寓房子要出租，大約十五年的屋齡，三房兩廳，一套半的衛浴，靠近公園和菜市場，打算月租一萬五千元。這房子在中興街四巷，李奶奶電話：六六六六—七七七七。

請幫李奶奶寫一份「出租啓事」。

〔習作指引〕

先標出「出租啓事」，再依序說明條件，最後註明聯絡方式、聯絡人。

四、結論

應用寫作類型衆多，每一種都因獨特用途而有不同要領，只要了解形式、掌握實用目的，再搭配適度的筆墨潤飾，應該都可以完成。這類寫作除了考驗形式的區分，當然也考驗文字優劣，所也不宜輕忽。

△

望向創作與學術的天空

——范曉雯等著《新型作文瞭望台》

作文題型研發，始由點線關注，別有會心；如陳滿銘《作文教學指導》（一九九四，萬卷樓）、梁桂珍《怎樣寫出生動的文章——中學生作文》（一九九四，東大）、林韻梅《高中作文教學設計》（一九九五，復文）、邱燮友等《階梯作文I》（一九九六，三民）等，參伍因革，日漸成型；繼而全面聚焦，激化活絡，計有賴慶雄、楊慧文《作文新題型》（一九九七，螢火蟲）、林瑞景《創意作文與新詩教寫》（一九九八，萬卷樓）、黃秋芳《親愛的，我們把作文變快樂了》（一九九九，螢火蟲）、賴慶雄《新型作文贏家》（一九九九，螢火蟲）、黃基博《看圖作文新方法》（二〇〇一，螢火蟲）等，特重題型會診與實際操作更見新姿；外加《明道文藝》「作文加油站」、「作文頻道」（邱素雲、王昌煥分別執筆）、《中國語文》「語文表達作文能力訓練」（趙公正執筆），以及《國文天地》「作文實驗室」專欄長期挹注，文心輝映、相激相盪，范曉雯、郭美美、陳智弘、黃金玉四位高中老師合力的《新型作文瞭望台》遂於風雲際會中應運而生。

《新型作文瞭望台》全書特色有三：

一、因陵成山，得具規模。其中不乏取靈於大陸考題，拓植於前賢整理者。如「一題多作式」的〈東施效顰〉故事：

閱讀〈東施效顰〉這則故事，再依照規定寫作。

西施病心而顰其里，其里之醜人見而美之，歸亦捧心而顰其里。其里之富人見之，堅關門而不出；貧人見之，挈妻子而去之走。彼知顰美而不知顰之所以美。《莊子・天運》

1.把原文改寫成流暢的現代語體文。

2.以「西施何事皺眉頭」為題，寫一篇三百至四百字的記敘文。可展開合理想像。

3.以「從『東施效顰』說起」為副標題，尋找最佳角度，聯繫實際，自擬正標題，寫一篇八百至一千字的議論文。〈大陸考題〉

見賴慶雄、楊慧文《作文新題型》頁一四三。然逮及《新型作文瞭望台》頁二六〇，即有「習作指引」，指點莘莘學子寫作要點所在。另如全書中「改寫」一章（頁一二七～一五〇），理論架構大抵取徑陳滿銘《作文教學指導》頁五〇：

在形式方面可要求：1改體裁，如將詩歌改寫成散文、將記敘文改寫成論說文；2改作法，如將演繹式改為歸納式；3改人稱，如將第三人稱改為第一稱。

在內容方面可要求：1改主題思想，2改中心人物，3改故事情節的線索等。

然書中十字架開，增添諸多「題目」、「習作指引」。「例文」、「簡析」單元，後出轉精，讓「改寫」的向度更爲具體、更爲落實。

二、**觀摩相善、激發創意**。書中酌取八十四年至九十年大考中心推甄題型、各校推甄、模擬考各類題型（北一女、中山女高、建國中學、師大附中、成功高中、新店高中、新竹中學、武陵中學、台中一中、台南一中、台南女中、高雄中學、屏東高中、屏東女中、宜蘭高中），取材範圍相當廣泛；包括中西小說（米蘭．昆德拉《生命中不能承受之輕》、褚威格《同情的罪》、高行健《靈山》、朱少麟《傷心咖啡店之歌》等）、寓言《伊索寓言》、鄭石岩《禪》等）、古典散文（《莊子》、《說苑》、《菜根譚》等）、現代散文（陳之藩〈哲學家的皇帝〉、余光中〈蒲公英的歲月〉、楊牧〈亭午之鷹〉、陳列〈八通關種種〉等）、現代詩（葉維廉〈童年是／終日無所事事〉、瘂弦〈出發〉、余光中〈鄉愁四韻〉等），以及新聞報紙、網路資料、廣告等素材，可說琳瑯滿目。書中諸多鮮活設計，頗能啓迪、撞擊國文出題者「轉化」的火花，開發「創造性思考」中有關「流暢力」（fluency）、「變通力」（flexibility），「獨創力」（originality），「精進力」（elaboration）不同「認知」指標的題型。

三、演示實例，足爲考索。以書中「補寫」一書（頁八九～一二六）爲例，不管在「故事補寫」、「議論說明」、「抒情記敍」的演示，作者均附兩個或兩個以上「例文」，尤其在〈我願〉一題的新詩補寫：

我願
我願是……
……
如果你是……
我願是……
不願是……
……
在……的日子裡
我們……

1.此處提供了一首詩其中六句的開頭，詩題是「我願」，詩旨是表明願意深情無悔的付出。若以結構分析，可將八句視作起、承、轉、合四部分，每一部分各有兩句，寫作時必須使用譬喻的修辭格。

2.請注意承上啟下，以求全詩脈絡順暢。

後面即附七個「例文」，呈現學子「再造想像」之不同面貌，得以考索其中輻射出的諸多問題；於作文教學上極具參考價值。至於「例文」，筆者以爲若能依等第「上中下」或「ABC」排列（如大考中心參考答案），並詳述其間優劣，檢析其中得失，則更臻理想。

綜觀全書「縮寫」、「擴寫」、「仿寫」、「補寫」（又稱「續寫」）、「改寫」、「文章賞析」、「論辨」、「引導寫作」、「寓言寫作」、「情境作文」、「閱讀寫作」、「應用寫作」十二章，適成一座紮實幅廣的瞭望台。首先，就教學而言，這樣的瞭望台，自屬創作的中繼站；旨在經由「新型作文」過渡，望向創作之瑰麗雄奇的天空。其次，就學術而言，這樣的瞭望台亦可爲層樓更上之契機，開拓出中研所「教學碩士班」別具特色的方向。質實而言，不管是作文理論、新型題目，或學生實際練習狀況，書中各章均可向上提昇，變成一本本極務實的「碩士」論文。大凡有心之士，當可於此用力馳騁，探驪得珠。

張春榮　文訊雜誌二〇〇二年二月

國家圖書館出版品預行編目資料

新型作文瞭望台 ／陳智弘等合著, --初版 --
臺北市：萬卷樓, 2001[民 90]
面； 公分

ISBN 957－739－360－8 (平裝)

1.中國語言-作文 2.中等教育-教學法

524.313 90014291

新型作文瞭望台

著 者：陳智弘 郭美美 范曉雯 黃金玉
發 行 人：許素真
出 版 者：萬卷樓圖書股份有限公司
臺北市羅斯福路二段 41 號 6 樓之 3
電話(02)23216565．23952992
傳真(02)23944113
劃撥帳號 15624015
出版登記證：新聞局局版臺業字第 5655 號
網 址：http://www.wanjuan.com.tw
E－mail：wanjuan@tpts5.seed.net.tw
承印廠商：晟齊實業有限公司
定 價：370 元
出版日期：2001 年 9 月初版
2006 年 9 月初版四刷

ISBN 957－739－360－8